獻給

內斯比特（M. Wilson Nesbitt）——

小型教會的

牧者、顧問、倡議者

RE:

教會重塑系列

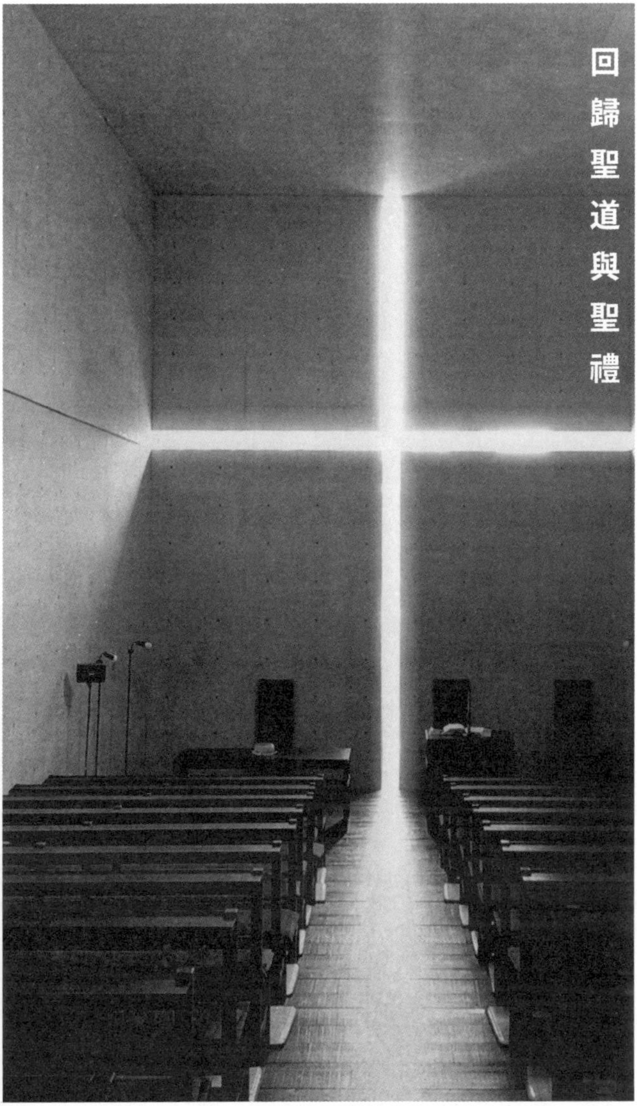

回歸聖道與聖禮

韋利蒙、韋爾遜／著
陳永財／譯

▼

Re: 教會重塑系列

小堂會，大啟示

回歸聖道與聖禮

Preaching and Worship in the Small Church

作者
韋利蒙 William H. Willimon
韋爾遜 Robert L. Wilson

譯者
陳永財

審閱
李金好

執行編輯
余雪、吳國雄

裝幀設計
奇文雲海 · 設計顧問

■

出版 / 發行
基道出版社
香港沙田火炭坳背灣街 26 號富騰工業中心 1011 室
LOGOS PUBLISHERS
Unit 1011, Fo Tan Ind. Centre, 26 Au Pui Wan St., Shatin, Hong Kong
電話：(852) 2687-0331 傳真：(852) 2687-0281
網址：http://www.logos.com.hk

承印
陽光印刷製本廠

●

7/2014 初版
Cat. No. LP381
ISBN: 978-962-457-486-9

刷次	10	9	8	7	6	5	4	3	2	1
年份	2023	2022	2021	2020	2019	2018	2017	2016	2015	2014

序言

美國和加拿大有大約百分之六十的更正教教會的會友人數少於二百人，其中三分之二崇拜平均出席人數少於一百二十人。換句話說，北美大陸的更正教教會中，至少有一半可以歸類為小型教會。

與較大型的教會不同，大型教會的事工種類通常多得多，小型教會則圍繞五個基本元素建立起來。

第一個，也是最重要的一個，是「道和聖禮」（Word and Sacrament）。在北美的某些地區，人們用「講道崇拜」（preaching service）來描述會友的這種定期聚會。聚集在一起敬拜上帝、聆聽人宣講上帝的道、守聖禮，這些明顯是小型教會存在的主要原因。這由建築物作為象徵：那裏最大的房間

（往往也是惟一的房間），是特別設計來供集體敬拜上帝用的。這與數以百計較大型的教會形成強烈的對比，那些教會把總面積的不足一半用來供集體崇拜。這兩點可能並非出於偶然：（1）會友人數愈多，在普通的主日出席集體崇拜的會友比例愈低；（2）會友人數愈多，崇拜和講道所佔的空間比例愈低。

小型教會以建築物的設計、以對牧者角色的基本定義、以每星期的時間表，以及以會友的時間安排來宣告，它存在的主要原因是崇拜和講道。

這也成了評估牧者表現的基本尺度。牧者是好講員嗎？這是小型教會的首要問題。對比起來，較大型的教會往往更重視牧者身為行政人員、富創意的領袖、輔導員或籌款者的能力。

正因為這樣，這本書是重要的。兩位作者直接談及小型教會最重要的關注。這本書針對小型教會議程中的第一項，給予很多建議，強化這十分重要的傳承。

小型教會第二個獨特的元素，也是令小型教會連結在一起的黏合劑的第二部分，是共同經驗的極大重要性。由於教會細小，所有會友都彼此認識。很大程度上，較大型的教會是建基於功能的；中型教會十分倚賴教會的組織和小組生活；小型教會則建基於會友與其他會友的關係。他們在同一個地方聚集敬拜上帝，但聚集在一起也是為了與大家相聚。「去教會」表示去分享集體崇拜的經驗，以及與構成這個蒙召出來的獨特羣體的其他成員在一起。這裏有一個簡單的例子，顯示小型教會的人對共同經驗的重視：一間一千人的教會，其中一個成員的喪禮往往只有少於一百人參加，但一間只有八十人的教會，其中一個成員的喪禮卻可能有雙倍的人數參加。

這是本書重要的第二個原因。韋利蒙（William H. Willimon）和韋爾遜（Robert L. Wilson）解釋，為甚麼主餐、洗禮、婚禮和喪禮在小型教會會友的生命中，是必要的共同事件。他們花了三章討論牧者和平信徒領袖可以怎樣在這些共同經驗中，增強教會事工的果效。

令小型教會連結在一起的黏合劑的第三部分，或許也是最獨特的特點，是平信徒的重要性。大部分小型教會都由平信徒管理。會友人數愈多，牧者的角色愈具影響力。不過，在小型教會裏，每間教會的個別身分是由平信徒賦予的。韋利蒙和韋爾遜捕捉到這個觀念，如實地反映出來。他們將平信徒在小型教會的獨特角色十分清楚地表明出來，特別是在第三、第七和第九章。

典型的小型教會的另外兩個基本元素是主日學，以及對特定地方的依戀。在敍述中，兩位作者都肯定聚會地點的重要性，並一再高舉教育事工的中心性，無論是透過講道，透過重新教導眾人主餐的重要性，還是透過更刻意地運用有意義的符號。

這是一本給予肯定的書：它肯定小型教會的角色和基本價值；它肯定道和聖禮的中心性；它肯定小型教會中牧者的角色；它肯定平信徒和他們的價值。在這個真實的肯定（authentic affirmation）的基礎上，平信徒和牧者可以在小型教會裏，並透過小型教會一起事奉上帝，建立富創意和啟發性的事工。

沙勒（Lyle E. Schaller）

約克費諾學院（Yokefellow Institute）

目錄

導論

在二十世紀最後二十五年，以下名字在城市化和科技化的社會中，有一種古怪得近乎奇特的聲音。有些名字——好像安提阿、希伯崙、示羅和伯特利山——提醒我們，以前世代的基督徒比今天的教會會友更熟悉聖經的地名；其他名字則令人想起很久以前的鄉村美國：碧遜草地（Pleasant Green）、皮內樹林（Piney Grove）、石渣山（Gravel Hill）及和諧谷（Harmony Valley）。有些附帶人名，可能是創立者的名字——伯頓紀念館（Burton Memorial），或者是一個仍然顯赫的家族的名字——沃克聖堂（Walker's Chapel）。

我們說的是會友人數不多的教會，這種教會，過去對數以百萬計美國人的生命都有重大影響，而且現在仍然如此。在美國，幾乎每一個社區，都至少可以找到一間這樣的教會——通常可以找到幾間。這些教會的數目不是以千計，而是以萬計。說小型教會仍然是美國更正教最主要的教會類型，應該不是言過其實。

雖然小型教會的普遍形象是鄉郊的，而這些教會大部分也在人口稀少的地方，但並非全部都是這樣，有很多是位於市中心的。在全國各城市數以百計的住宅區一些規模不大的建築物中，都可以找到一些正在掙扎求存的小型更正教教會；在每個主要的大都會中心內城的社區，都可以找到很多臨街的教堂。

我們可以用「矛盾」這詞來描述教會人士對小型教會的感覺。很多人透過懷舊這塊美麗的鏡片來看它，一廂情願地渴望回到從未真正存在的過去——一個田園般純潔的世界，山谷中棕色（或白色）的小教堂，是社區生活的中心。這同一羣人卻也有一種痛苦的感覺，認為小型教會是二流的，在今天的世界中有點落伍。

其他人，特別是神職人員和宗派領袖，則視小型教會為不合時宜的事物，只是頑固的人讓它苟延殘喘；這些人抓住一種應該容許它死去、甚至應該鼓勵它死去的教會不放。他們認為這些教會妨礙人們發展今天需要的那種教會。同時，小型教會繼續存在，做它和基督教會一直都在做的事情，雖然做得並不完美：贏得追隨者，以基督徒的生活方式培育他們，每星期聚集他們崇拜和聽道；在很多鄉間的羣體裏，最後更會把他們埋葬在與教會相鄰的墓地，深信他們成功跑完了當跑的路，並得著了信心的獎賞。

這是一本關於小型教會的崇拜和講道的書，也就是會友名冊上只有二百人或以下的教會。有一半到三分之二的更正教教會都屬於這個類別。而且，如果我們考慮到教會會友名冊的不準確，以及已遷離該區的會友的數目，便會看到雖然教會年報中報告有二百人，但實際參與教會的人沒有那麼多。這也顯示普通的主日崇拜只有少於七十五人出席。

本書會思考這些小型教會的性質，以及它們歷久不衰的原因——它們似乎無視神職人員和宗派領袖想要改變它們的種種嘗試。我們的主要焦點會放在小型教會做得最好的事情上：它提供一個基督徒羣體，在那裏，人們參加崇拜、聽道、彼此服事和服事更大的社區。

有四個原因令我們感到需要有這本書。首先是教會領袖嘗試處理他們認為是小型教會的「問題」的方式，就是嘗試透過合併或某種教區安排將它變成更大的教會。在這兩種情況下，那模式都是大型教會，小型教會被迫變成它通常不能變成的事物。

第二個原因是，當代關於牧者職事的踐行和神學思想，往往忽視講道，以及特別是崇拜的重要性。很多牧者現在似乎感到，他們在教會或社區的大部分努力都比講道和崇拜重要。這忽略對普遍教會都是災難，但對小型教會的禍害特別大。在講道/崇拜中，小型教會可以恢復它們的獨特身分和對世界的使命，以及它們對基督那更大的身體的特別貢獻。

第三是牧者需要更明白小型教會的性質和事奉。由於有很多這樣的教會，很多神職人員的事奉有一部分，甚至全部，是在這些教會進行的。如果他們要有效地事奉，在呼召中找到滿足，那將會是在小型教會的處境中達致。

第四個，或許也是最重要的原因是，平信徒需要明白，小型教會可以是有效的牧養工具，特別是透過崇拜和講道。平信徒總是知道崇拜和講道是重要的，否則他們不會繼續每星期都參加。藉著更明白崇拜和講道的性質，平信徒不單可以在這些活動中肯定他們長久的信仰，也會發覺自己星期日早上的經驗變得更豐富，更有意義。

小型教會也有本身的困難。不過，作為一間教會，它一直都會與我們一起。只有現實地明白它的長處和短處、它的困難和潛力，平信徒和神職人員才能夠幫助它盡量發揮最有效的牧養事奉。如果本書對這事奉有點貢獻，便實現了它的目的。

很多人士和多個機構都對這個研究作出了重大貢獻。自從在超過半世紀之前成立以來，杜克基金（Duke Endowment）的鄉郊教會事務部（Office of Rural Church Affairs）便與北卡羅萊納州（North Carolina）數以百計的鄉郊教會合作，興建教堂，從事教區發展和領袖訓練。杜克基金的費希爾（Albert F. Fisher）和內斯比特（M. Wilson Nesbitt）在我們預備這本書時提供了寶貴的幫助，他們讓我們翻查他們的檔案，並對有關研究提出批評。杜克基金的奧蒙德中心（J.M. Ormond Center）提供的支持，令我們可以對小型教會進行額外的研究。我們特別感謝伯格蘭（John K. Bergland）協助撰寫有關講道的各章、在小型教會擔任牧者和同工的杜克大學神學院（Duke Divinity School）畢業生分享他們的經驗和洞見、奧蒙德中心的祕書丹尼斯（Anne Daniels）把手稿輸入電腦。關於平信徒對講道的反應的資料，是在宗教研究專款（Reserve for Religious Research）的資助下收集得來的，該專款由聯合衛理公會事工總議會（General Council on Ministries of the United Methodist Church）管理。

我們希望這本書幫助小型教會的會友和牧者，在全國各地向他們的社區作見證和服事眾人。

第一章

少數人聚集的地方

謝爾登（Donald Sheldon）在伯特利山（Mt. Bethel）和森特維爾（Centerville）兩間中西部小型教會擔任牧者已經踏入第四年。這是他從神學院畢業後的第一個事奉崗位。最近有一間大型教會接觸他，邀請他成為他們的助理牧者。他不大想接受這個職位，但又不想推辭。在與一位牧者同道討論這件事時，他說：「我喜歡與伯特利山和森特維爾的人一起工作，他們是委身的基督徒；他們想我留下。不過，兩間教會都不會增長，而且他們給我的工資已經差不多是他們能夠負擔的上限了。我的朋友說，我留在這些小型教會，是浪費我的天賦。我傾向留下，但我又擔心如果我推辭這個聘請，對我的事業會有影響。」

謝爾登的困境說明了小型教會的不解之謎。這些教會需要牧者，但只能負擔微薄的薪金。牧者的成功由他們有沒有能力去更大的教會決定。在重視增長和規模的社會，小型教會卻依然故我；它不增長，又拒絕死去。它年復一年地繼續下去，似乎沒有多少改變，甚至完全沒有改變。

有三種小型教會。第一種是新成立的教會，現在雖然細小，但正在增長，或預期會增長。在可見的將來，這些教會會變大。第二種是正在衰亡的教會，這些教會以前是大教會，但會友人數下降，現在可以歸類為小型教會。這些教會有些最終會消失。

第三種是一直都細小，而且會持續細小的教會；大部分小型教會都屬於這一種。這些教會很多都在鄉郊，人口不多；其他則在城市。它們不能增長的原因一定不是人口問題。有些是比較新的教會，組成後預期會增長，但因為某些原因卻仍然細小。

更正教小型教會的普遍現象可以藉著檢視宗派的統計數字加以說明。一九七六年，聯合衞理公會（United Methodist Church）報告說有七千零六十九間堂會有少於五十名會友，佔了總數的百分之十八。有一萬五千七百四十二間堂會，也就是百分之四十一，會友人數不足一百。會友名冊上人數不足二百的堂會有二萬四千八百五十五間，佔了堂會總數的百分之六十四。聯合衛理公會幾乎有三分之二的堂會會友人數少於二百，這些會友佔了這個宗派會友總數大約四分之一。另一個例子是美國的信義會（Lutheran Church），百分之十三的堂會會友人數少於一百，三分之一的堂會會友人數少於一百九十。全美公理會基督教會聯會（National Association of Congregational Christian Churches）的附屬堂會中，百分之十八會友人數少於一百，百分之四十一會友名冊上的人數少於二百。美南浸信會聯會（Southern Baptist Convention）有百分之六十二的堂會會友人數少於三百。

小型教會參加崇拜的人數也比較少。聯合衛理公會提供了主要崇拜聚會的平均出席率。在三千八百七十二間教會（百分之十）中，平均出席人數少於二十。有九千六百六十八間教會（百分之二十六）的平均出席人數少於三十五；有一萬五千零十三間教會（百分之五十七）主要崇拜的平均出席人數少於七十五人。這些資料顯示，很多講道通常是向一小羣人講的。

基本假設

這本書背後的第一個基本假設是，基督教的福音可以以各式各樣的機構場景（institutional setting）有效傳遞，讓人們正面地回應。在基督教歷史中，傳遞和高舉福音的主要機構是地方教會（local churches），它曾經是社會上其中一種最持久（durable）的機構，現在仍然如此。不同社會、經濟和文化羣體的人回應福音，在他們身處的機構見證他們的信仰、培育信徒時，建立了多種不同的地方教會。

沒有一種教會是在任何時間、任何環境都最有效和最具基督教特色。各種不同大小的教會，有很多不同的活動種類，都曾經存在過，也會繼續存在。沒有神學理由令大型教會比小型教會更有效或更無效。不過，有很多不同的理由可能令大型教會更討喜：這些可能是文化理由，例如有足夠的人數組成大型詩班，藉以唱出某些類型的音樂；也可能是管理方面的理由——更多人可以提供更多收入；也可能是社會理由，例如維持大型的青年小組，讓青少年有更多約會的對象。不過，沒有理由令小型教會不能像大型教會那樣實現教會的**神學目的**。

第二個假設是，小型教會在很長時間都會是更正教教會的一個重要部分。這個情況似乎無可避免，因為有大量這些教會。有相當大比例的神職人員職位，都是在這些教會裏的，而且這個現象還會繼續下去。

說大部分牧者的部分(若不是整個)職業生涯都與小型教會息息相關，並不是誇張之辭。這些教會不會消失；神職人員和宗派領袖必須繼續留意它們。教會領袖怎樣處理這些教會，很大程度上決定了教會和神職人員的事奉是否有效。

對小型教會的看法

小型教會主要對神職人員，特別是宗派領袖構成問題。對神職人員來說，問題與收入和地位有關。牧者受教會聘用，而大型教會有更多金錢，可以支付更高的薪金。人們都認為較高的薪金比較低的薪金更可取，神職人員也不例外。

很大程度上，個人的地位由與他們有關的機構決定。因此，著名的常春藤名牌大學的教授，地位比中西部一間社區學院的教師更高。大型城市教會的牧者，在朋輩眼中，地位也比同時服事三間鄉郊小型教會的牧者更高。

某教會給牧者的地位，由牧者的專業同儕怎樣看那間教會來決定。基督教教會總能夠聘請到一些人，擔任艱難的職位，是不單要求自我犧牲，更不會提供多少物質回報的。海外宣教士便是一個例子：他們的任務要求很高，他們與家人分開，待遇也十分微薄。但宣教士被視為基督徒中的精英，一種屬靈特種部隊的成員。對一個宗派差傳部為受差派到海外的人舉行的週年差遣禮的描述，顯示了這些人所受到的尊重：禮堂擠滿人，準宣教士站在台上，穿著白袍；主教是雄辯的講員，他會告訴新的宣教士，他們在跟隨聖保羅的腳蹤，將福音帶到世上艱難之地——整個教會都支持他們，以他們為榮：這是令人興奮的事情。他們到達祕魯安第斯山脈（Andes）或非洲中部的小型教會，肯定不覺得自己是失敗者，別人也不會這樣看他們。將這和喬治亞州（Georgia）或明尼蘇達州（Minnesota）三間小型教會的牧者作比較，人們可能不會視後者獻身於傳揚福音的榮耀任務，而只把他當作一個不能在教會聘用制度中出人頭地的人。

宗派領袖從他們自己的獨特角度看小型教會。如果他們的工作包括安排神職人員的工作，他們必須找到一些能被勸服去接受這些小型教會的牧者。如果他們的任務主要是宣教工作和慈惠項目的運作，他們便會發現，小型教會只能夠提供少量資金，本身往往也需要資助。小型教會可能花費行政人員大量時間，但對宗派領袖十分重視的慈惠項目卻只有相對較小的貢獻。

很多小型教會的平信徒竟都接受了一個觀念，相信他們的教會實際上比大型教會遜色。牧者和行政人員以不同方式向平信徒傳遞這個觀念。人們一般認為，牧者獲得晉升，表示由較小的教會調到較大的教會。小型教會的牧者得到晉升時，便轉到較大的教會。如果新牧者被視為遭到降級，或明顯是剛從神學院畢業、毫無經驗的人，這會怎樣影響會友的態度？

一個典型的例子是，面對一個接受了四間小型教會聘用的年青神學院畢業生，牧者和會友的共識是，他會留在教會四年，雖然他們沒有簽合約。在第二年結束時，牧者有機會轉到城中一間教會。一個地方教會的執事表達了人們對牧者和他們自己的態度，他說：「我們不願意見到約翰離開，但我們也不想阻礙他升職。」

牧者從較大的教會轉到較小的教會時，最糟的情況是，人們會認為他因為某些不當行為而受到懲罰；即使最好的情況，也會認為他不能幹。有一個富經驗的牧者主動離開一間大教會，接受一個鄉間教區四間小教會的工作；他的例子正好說明了這點。幾個月後，他以前教會的一個平信徒領袖來探訪他。那天傍晚，那個平信徒領袖說：「你可能不想回答這個問題，但你做了甚麼事，令主教派你到這些教會？」

平信徒、神職人員和宗派領袖的主流態度是：小型教會是次等的教會。

弱點和優點

小型教會同時有弱點和優點，而這些弱點和優點都直接源自會友的人數。與大羣體相比，小羣體的資源有限。用五十人進行的計劃，當然比用五百人進行的計劃簡單得多。特別的興趣和年齡組合，例如學習班、弟兄組織、姊妹組織和青年組織，或與公立學校分級制相似的主日學課程，都是小型教會不可能有的。教會建築物也傾向只提供有限的設施，因此對可能實行的計劃有進一步限制。

如果有詩班，可以唱的聖詩也有限。一座小型的電子琴或鋼琴，而不是大型的管風琴，會作為會眾唱歌的伴奏樂器。印刷精美的崇拜週刊可能是教會負擔不起或不切實際的。如果教會的牧者同時在其他教會事奉，可能很難因應某一間教會的需要去計劃崇拜和講道。事實上，如果牧者被迫將時間分配給好幾間教會，或者要找其他兼職，他們可能感到永遠都沒有足夠的時間，為講道和崇拜構思一個周密、具反思性的、長遠的計劃。小型教會的會友，在將他們的崇拜與大型教會經小心編排，「專業地」帶領的音樂、講道和崇拜比較時，往往得到一個很明確的印象，就是他們的崇拜是次等、外行的，只是正牌崇拜一個蒼白的影像。

財政永遠都是問題。小型教會傾向花很大比例的金錢（往往介乎收入的一半到三分之二）在牧者的薪酬上。即使這樣，它們通常與另外一間或多間教會共享牧者，或者聘請一位部分時間牧者，這牧者是同時有世俗工作的。

地方教會所屬的宗派對地方教會有很多期望，包括有不同的委員會和部門，某些適合不同年齡羣體的特定活動，也期望教會對某些宣教計劃和宗派計劃有所承擔。很多小型教會根本不能滿足這些期望。它們沒有足夠的人手組成委員會或參加各種計劃。承擔宗派財政的「應負份額」(fair share)，可能令教會在支付牧者薪酬、教會運作的必須開支，例如水電和主日學教材後，所餘無幾，不足以應付各項計劃。

不過，小型教會也有一些優點，在強調增長和規模龐大的廣大社會中，這些優點有時會受到忽略。在小型教會，每個人都是不可或缺的。羣體需要每個參加者；有人缺席時，每個人都留意到。小型教會會友參加崇拜的比例通常比大型教會高，理由是顯而易見的：教會需要每一個人，任何人如果缺席，都知道教會會掛念他們；在小型教會，人們是不能匿名的。

小型教會有較大比例的會友參與教會的管理。在大型教會，只有小部分人參與管理委員會；小型教會可能以整體作為一個委員會來運作。因此，這種教會的會友傾向對教會和教會活動有較強的責任感和歸屬感。

小型教會的會友也可以建立很強的羣體意識，這種羣體可以為會友提供有效支持，好像大家庭一樣。我們在討論崇拜和講道時會用家庭的比喻。不過，小型教會也有一個危險，就是會變得排他和不願意接納新人，或者只是在新人經過好像試用期之類的事情後才願意接納他們。

崇拜和講道是任何小型教會生活的中心。小型教會沒有大型的青年小組、分級的主日學、宏偉的設備，沒有大量慈惠項目的龐大預算，也沒有每星期給不同年齡人士的各種活動；大部分小型教會的存在理由都是星期日早上的崇拜。小型教會可能沒有建築物、沒有教育課程、沒有財政預算、沒有正式的組織架構；但沒有小型教會是沒有講道和崇拜的。我們認為這是小型教會的一個好處，這樣可以幫助它在現時強調教會組織的修補和維持、教育課程、輔導服務、社會活動和社區服務時，記得上帝教會的主要事奉是道和聖禮的事奉，也就是宣告、禱告、讚美那位呼召我們聚集，並差派我們出去的主，其他一切事奉都源自這事奉。

根據現時的禮儀研究、對講道的新見解，以及近年在崇拜的創新，小型教會的細小，可以被視為講道和崇拜的獨特優勢。這些教會好像家一樣的環境、講員/崇拜帶領者和會眾之間可能存在的緊密關係、崇拜者往往有的高度參與、沒有人匿名、羣體的意識、察覺個人的需要；就講道和崇拜來說，這些全都是正面的特點。在接著幾章，我們希望以實例說明，為甚麼明白小型教會的特質，配合理解基督徒講道和崇拜的目的、踐行和神學，可以讓我們全新、正面地看待小型教會的生活和生氣勃勃的可能性——這些可能性，可能遠遠超過了小型教會這些重要而經常被忽略的基督身體的肢體（parts of the body of Christ）的問題。

小型教會的影響力

一九四四年十二月，德國軍隊發動了突襲。在後來稱為「突出地帶戰役」（Battle of the Bulge）中，盟軍戰線有一個縱深的「突出部」（salient）。在《第二次世界大戰》（*World War II*）這本書中講述美國軍隊對這襲擊的反應時，瓊斯（James Jones）說：

> 這些小路口的抵抗，都不能對德國的推進帶來重大影響，但數以百計加起來，在無名的橋和不知名的十字路口的臨時小戰役，卻大大減慢了德軍的推進……這些小小、死硬的「一人抵抗」，在雪地和濃霧中，沒有與別人溝通，卻證實是極之有效的，其有效性與它們的大小完全不成比例。（頁 205）

或許這是一個比喻。國度得到大大推進，不是由於在宗派總部發生的事情，而是由於全國不同社區中的地方教會的事工，包括小型教會的事工。其結果是極之有效的，其有效性與它們的大小完全不成比例。

第二章

往小思想

一間小型教會正在物色牧者。這間教會的一個平信徒與一個聘用人員討論：「即使這位牧者來我們教會，他也不會留很久。他是能幹的年青人，很快會轉到更大的教會，那裏可以給他更高的工資。沒有人想留在小教會。」

美國文化傾向重視增長和規模的大小。如果一樣東西在本身那個類別中是最大的，我們便引以為榮，無論那是飛機、辦公大樓還是教會。人口高速增長的市鎮會在顯眼的地方豎立一塊廣告牌，宣佈它是那個州中增長最快的社區。很難解釋為甚麼我們會這樣，這可能與美國仍然是比較年青的國家有關；要安頓下來，並發展國家的那種推動力，令我們留下很深的印象，以致我們仍然嘗試實現這些已經實現了的目標。無論原因是甚麼，人們認為增長和變得更大都是好的；保持穩定或縮小都不可取。

更正教教會中也十分流行這種態度：如果會友人數增加，如果財政預算和奉獻給宗派宣教事工的金額也增加，便值得高興；如果事實剛好相反，教會領袖便會關注，甚至感到苦惱。

地方教會的進步傾向以增長來決定，並以統計數字來衡量。一些宗派的牧者每年都要填寫的表格，除了會友人數和出席率外，還包括教會對宗派多個計劃所奉獻的金額。如果數字上升，便假定教會和牧者成功。如果數字保持不變或下跌，便明顯有些不對勁。

我們主張，地方教會應該嘗試盡可能客觀地評估本身的果效。可惜，宗派收集的很多資料都無助這種評估，這些資料主要是為了提醒堂會要奉獻更多。有一個宗派要求每位牧者呈報堂會中訂閱一份教會雜誌的會友數目，這些數字出現在年報內。出版社有精密的電腦，根本不需要這種資料，它知道賣出了多少本雜誌。報告的目的是提醒牧者，要說服更多會友訂閱雜誌。

除了普遍接受美國文化的標準外，我們也可以問，教會內部有沒有一些原因，令它更接受增長和規模的大小這些價值觀。過去二十年，更正教教會在理解它們在社會中的性質和角色時，其理據背後的假設，有分於令小型教會被貶低。

內部障礙

宗派的兩個內部因素，令與小型教會有連繫的人感到，他們的教會有不足之處。第一個因素是強調教會參與改變社會的工作；第二個因素是關於理想的地方教會的觀念，這個觀念被宗派代表視為規範。

在一九五〇年代後期，宗派開始由強調建立新堂會和傳統的宣教及堂會活動，轉移到強調社會問題。在一九六〇年代初，這種轉變是漸進的，但到了一九六〇年代中期，強調便集中在民權運動。在這個時期，美國南部有很多抗議活動，北部和西部的城市則有很多暴動。

當時，對教會領袖來說，真正重要的活動不是從事教會以前一直忙於從事的傳統事工，而是成為抗議遊行的一員，幫助糾正社會的邪惡。在那段時間，美國聯合長老教會（United Presbyterian Church）的總幹事（Stated Clerk）嘗試在馬里蘭州

（Maryland）一個露天遊樂場爭取取消種族隔離政策時被捕；在密西西比州（Mississippi），一個黑人和一個白人主教一起時，不獲准進入教堂。每個人都明顯看到，社會行動是教會的真正事工。

這本書並不是要分析教會在一九六〇和七〇年代參與社會運動的智慧和果效。重點是，教會如果要影響社會的話，它必須在數目上佔優勢。小型教會本身對社會的複雜問題不能有任何重大影響。因此它的弱點即使不是毫不相干（它仍然可以貢獻金錢），也更為突出了。

可能更重要的是，社會行動的事工幾乎總是在教會以外。牧者的主要關注是為教會贏得追隨者，在信仰中培育他們，但現在人們卻認為這不是獻身於教會的真正使命。他們認為那些得到宗派注意、將精力投注其中的議題更重要。雖然社會中存在需要迫切糾正的惡，但我們主張，認為這是教會惟一或主要的任務，對教會，特別是小型教會，有負面影響，結果是向這些教會傳達一個信息：它們所做的，而且往往做得很好的事情，並不是教會應該做的事情。

由於宗派代表提醒所有成員，他們的努力應

該集中在殖民主義、跨國企業、全球饑荒、羅德西亞（編按：非洲國家「津巴布韋」舊稱）的多數管治（majority rule）、種族歧視、弱勢社羣的充權和刑事司法系統等事情，這種趨勢就持續不變。結果是人們，特別是小型教會的牧者，感到氣餒和沮喪，因為他們自己不能專心於宗派領袖告訴他們的最重要的事情。

宗派傾向對每間教會都有期望，而這些期望是很多小型教會都無力應付的。每間教會需要有的職員和委員會數目，提醒會友他們的教會並不及格。在鄉郊一間只有一個房間的典型小教會，後面的牆上張貼了一張清單，列出宗派要求教會要有的所有職員，很多名字都出現超過一次。那間有四十八人的教會沒有那麼複雜的組織。規章的條文得到依從，教會的人也再次得到提醒：他們未能達到地方教會應有的水平。

宗派官僚架構的不同單位推動的無數計劃正是為此而存在，這些計劃令小型教會的會友感到不如別人。他們沒有宣教計劃，社會行動計劃，給姊妹、弟兄、年青人和兒童的計劃，研究小組，也沒有「全面的教會計劃」必不可少的佈道運動。因此，小型教會的會友繼續聚集在一起敬拜、聽道和接受培育，但卻活在感到不足的陰霾之下。

從哪裏開始？

判定小型教會被很多神職人員和平信徒視為不及格的教會，並解釋為甚麼會這樣，是不足夠的，我們也需要考慮可以做甚麼來改變這個情況。要改變小型教會的負面形象，宗派各階層必須重新思考教會的使命和事工。這不是容易的任務；改變傾向來得很慢，特別是當我們不大肯定我們真的想改變時。

任何渴望改變的過程，都必須首先按小型教會的現狀接納它，同時接納它的優點和弱點。更正教的神職人員傾向重塑他們的教會，牧者有時嘗試按他們認為教會應該是怎樣的，重新模造小型教會，而他們的觀念大多數以大型教會為藍本。理想的教會在現實中可能不存在，它可能只存在於牧者的想像中。

牧者需要問的問題不是：我可以怎樣改變這間教會？而是：我可以怎樣幫助小型教會盡可能有效

地見證和服事？要回答第二個問題，需要考慮幾個因素。

其中一個錯誤是，傾向視小型教會會友珍惜的特點，顯示他們普遍缺乏異象、錯誤詮釋福音，好像做錯了甚麼似的。因此它的穩定被視為惰性，教會對他們的傳承的關心被視為「活在過去」，緊密的團契被視為封閉的小圈子。雖然這些描述可能適用於某些教會羣體，但不一定是一般小型教會的特點。

一位年青牧者評論說：「我不想留在伯大尼堂太久；這間教會沒有前途。」他是對的，如果他所說的「沒有前途」，是指會友人數不會大幅增加，教會不會興建新的建築物，不會引入新計劃或不同的計劃。伯大尼堂會繼續是傳統的教會，人們聚集來崇拜和聽道，互相培育和支持。牧者的關注似乎是，教會不會以能夠促進他事業的方式改變。從在那裏崇拜和支持它的會友的角度看，伯大尼堂是能產生果效的教會，他們看不見任何要改變的理由。不過，牧者不能滿足於一間他認為是因循、靜態的教會。

另一個問題是會眾對「教會與更大的社區的關係」的認知。當代教會認為，「教會的一個主要目的是服事社區」這句話，是不證自明的公理。我們需要質疑這個假設。教會的主要任務是**創造**一種羣體感（a sense of community）。如果教會發展成基督徒羣體，它便能夠見證和服事，它可以在人們承受壓力和面對困難時支持他們，它可以向外與羣體以外的人接觸，帶他們到教會裏面，令他們成為團契的一部分。

因此，教會傾向問的問題——我們可以怎樣服事社區？——是錯誤的問題。教會，特別是小型教會，倒需要問：我們可以怎樣**創造**羣體？如果羣體沒有建立起來、在見證信仰上沒有果效、對會友的照顧不足夠、不關心佈道工作，那麼，在有尖頂和彩色玻璃窗的教堂裏聚會的那羣人，就不是教會。

另一個問題是平信徒和神職人員對小型教會有不同的看法。達德利（Carl S. Dudley）在《令小型教會變得有效》（*Making the Small Church Effective*）這本富洞見的書中，將小型教會比作單細胞生物。這樣的生物與多細胞生物有不同的生命，但依然能夠生存。小型教會的會友認為這樣的教會有價值，否則他們不會繼續上這樣的教會。從很多人所表現的忠心可以判斷，他們認為作這樣的教會的會友是有意義的。

雖然會友可能視小型教會為令人滿意和有意義的，很多牧者卻不是這樣看。正如上文已經顯示，小型教會不能夠提供那些制度上的支持，是能夠滿足神職人員對職業的期望的。事實上，小型教會也許只能提供最低限度的支持，這令它們只能夠聘用部分時間牧者。

這並沒有簡單的解決方法，很多時更可能沒有令人完全滿意的解決方法。全時間專業神職人員的需要，是很多小型教會都不能滿足的。重要的是明白這個問題存在，但小型教會在制度上的限制，並不妨礙它有效地見證和服事。

小型教會或許有點像一個大家庭。它是一個隨著時間過去會一直延續下去的羣體，有時甚至會延續至終生。它擁有的傳承，給會友一種身分認同感——知道他們是誰。它歡慶會友的得勝，在艱難的日子支持他們。它建立一些禮儀，標誌著生命樣式的改變。教會可能有內部張力或衝突，但一旦任何會友受到外來力量威脅，它就會團結起來。它可以是充滿關心和愛的，但有會友偏離規範時，也可以對他們施行紀律。人們可能很難，甚至不可能加入它。個別的人不能加入（join）一個家庭，而需要被收養（adopted）。很多小型教會也是這樣：個別的人不是加入它們，而是被收養。不過，一旦獲接納到家庭中，那人便成為家庭必不可少的部分，完全分享到家人的權利和責任。

要開始對小型教會「往小思想」（think small）——也就是正面地思想，我們必須首先重新檢視這些教會對會友生命的影響，以及這影響與基督教會的目的有甚麼關係，這表示考慮：對教會的神學理解（theological understanding）怎樣在社會環境中彰顯出來。小型教會發揮這個功能的方式，是我們接著要討論的課題。

第三章

主日

那是星期日早上，冬日明亮的大陽的曙光照耀在伯特利堂。一部小貨車駛來，一個男人下車，打開小教堂的前門，走了進去，他是喬治．史密斯。每個星期日的這個時候，喬治都會來到教堂；視乎季節而定，他會開啟暖氣或者打開窗，然後在崇拜開始前回家吃早餐。稍後有一輛汽車到來，湯普森太太走進教堂，到禮堂後面的成人主日學課室去。和平常一樣，她將課堂筆記放在講台，將十張椅子圍成半圓形，然後坐下，等同學來到。她不用等多久，因為很快便有兩部車駛進停車場，約翰遜夫婦和泰德夫婦進入教堂。大約十時，一部旅行車駛到停車場，六七個年齡介乎十二到十七歲的年青人下車，走進禮堂，他們的主日學在那裏上課。很快先後有四輛車來到，令教堂的人數增加到大約二十四人。成人主日學的課室傳出歌聲；克萊因太太剛開始向她那班的三個兒童讀一個聖經故事；那羣青少年則與伊文思先生談論昨天的足球比賽。主日學在進行中。

大約十時四十五分，主日學結束，女士在禮堂坐下來閒談，布朗小姐在祭壇擺放一盆有秋葉的花，男人圍著教堂前面一棵橡樹抽煙和談話，年青人圍觀伊文思先生的新車，克萊因太太幫助小小的莎莉・伊文思將她那幅好撒瑪利亞人的圖畫釘在主日學課室的牆上。又有三部汽車載著一些人來，其中一部載著年老的雅各斯，他手術後出院了，每一個人都上前和他打招呼，扶他上樓梯。一部小汽車在前門旁邊停下來。其中一個孩子喊說：「講員來了！」還不到三十歲的年青人莫里斯下車，他與幾個男人握手時，其中一個年青人將他的袍子拿來。伯特利堂與幾里外的橡樹嶺教會一起聘請莫里斯。

男人和年青人走進禮堂。湯普森太太坐在鋼琴旁邊，喬治、詹姆斯、路易絲和瑪莉則在詩班席坐下。湯普森太太彈了一首聖詩的幾個小節，莫里斯穿著袍子進來，走到講壇，打開聖詩集說：「早安。讓我們敬拜上帝。」會眾回應說：「早安。」

星期日正在伯特利堂發生。（Sunday is happening at Bethel Church.）

星期日發生了甚麼事？

最早期的基督徒聚集時，與他們守安息日為聖日的猶太先輩不同，他們選擇在星期日，也就是他們所說的主日（the Lord's Day）聚集。星期日是一個星期的第一天，他們視這天為復活日，新時代的第一天，是上帝在他們的羣體中以復活的基督這個身分臨近和積極同在的記號。他們信仰的核心、福音的意義、他們團契的意義，都由星期日表明出來。那天是中心。

經過種種不同的歷史境遇，星期日在教會生活中的焦點地位最終衰落了。在羅馬教會，星期日的中心地位因好些聖徒紀念日、週間的大節期和很多週間的彌撒而變得模糊了。更正教通常沒有這些問題，因為改教者的一個主要目標是恢復星期日作為教會生活**最**主要的時刻這個地位，方法是排除與它競爭的其他崇拜和聖徒紀念日。他們希望星期日——復活的日子、道成肉身的筵席、對代贖的歡慶——會被視為所有其他教會活動的目標和來源。

但在我們這個世紀，星期日的中心性以其他方式受到威脅。更正教教會推動星期日晚上的崇拜、主日學的崇拜、星期三晚的祈禱會，以及對平信徒來說，一些傾向重複星期日早上崇拜，甚或改良它（在情感的強烈程度方面、唱「好的古老聖詩」、鼓勵平信徒參與、不拘形式各方面）的聚會。而且，星期日的崇拜也成了發展「活動主導教會」（full-program church）這種心態的犧牲品。被問及「基督徒是誰？」時，回答說「基督徒是星期日上教會的人」的更正教平信徒很快會獲告知，那只是基督徒生活的一小部分。那句口號是：「你在教會以外所做的事，比你在教會裏面所做的事更重要。」教會主日學、青年團契聚會、每星期的祈禱會和查經班、社會行動計劃、精心設計的教育活動，以及似乎無盡的委員會會議，全都說服人們相信，崇拜只是活動的一小部分。

這種思想對美國這種實用、功利、以工作為導向的社會有不容否認的吸引力。人們傾向視花在崇拜的時間為無所事事的時間——沒有運用的時間。這個國家的人都是講求行動和成就的。崇拜「行為」的重要性，怎能與基督教教育、輔導、青少年計劃、委員會會議、查經班和慈惠工作相比？大門總是打開的「活躍」教會，每天晚上都有會議進行、招募各樣活動參加者的通訊、確保每個人整個星期都十分忙碌（只要那個人真的想成為教會的「活躍」會友），成了任何追求偉大（greatness）的教會的典範。「活躍的」牧者，整個星期都有會議、社區活動和督導事務，令活動主導教會的機器都抹了油，運作順暢（只要教會真的想成為「能增長的」教會），成了追求偉大的牧者的典範。在這些實用、以計劃為導向、具組織規模的成功形象中，星期日崇拜的中心性便失落了。

基督徒在星期日上教會

對大部分基督徒來說，也在很大部分的教會歷史中，身為基督徒，最好被描述為「在星期日上教會的人」。星期日以它的目的和重要性來說，本身就是對基督徒是誰、基督教崇拜關乎甚麼，以及教會蒙召去做甚麼的聖經和神學陳述。古老的「要理問答」說「人的主要目的」是「榮耀上帝和永遠享受祂」；改教者說教會是「正確地宣講道和恰當地執行聖禮」的地方；保羅說基督徒的聚集是「基督的身子」（林前十二 27）——他們都是在宣告星期日崇拜所宣告的同一件事情。我們崇拜的主要焦點和理由是上帝。我們崇拜只是因為上帝是上帝，又因為我們是上帝的兒女。數字上的增長或靈性的成長、改變社會、維持組織、治療的益處、教育等等，總是次要的；它們是從敬拜上帝的主要活動中可能產生的副產品。當崇拜的主要目的只是榮耀上帝而沒有其他目的，以下一點也是事實，就是雖然我們在崇拜中忙於服事上帝，我們卻發覺，當我們崇拜時，**上帝**也恩慈地服事我們和供應我們的需要。但沒有崇拜，便不能保證我們在教會內外所做的好事是**上帝的**好事，哪怕是教會進行的最高貴活動，我們也無權宣稱，那是**上帝的**活動的一部分。

小型教會可能不符合我們現時對成功教會所持有的一些形象；它們可能不符合不同宗派對它們的組織要求；它們在嘗試最粗略地仿效活動主導教會時，也可能失敗。但就我們所知，沒有小型教會在歡慶星期日方面不是做得頗好的。事實上，一些小型教會歡慶星期日的方式，令很多較大型的姊妹教會感到羞愧。

以所謂活動主導教會這個難以捉摸的事物的標準來衡量自己的小型教會，或者接受現時對增長中的組織的一些流行觀念的小型教會，注定會不斷感到挫敗。我們身在一個古怪的處境：一間基督教教會因為它存在的惟一理由是在星期日崇拜，而被人認為不足。回到較早時提到的一點：星期日的中心性的一個基礎是，星期日的崇拜很美麗地象徵了教會和它的事工的神學目的，也讓人看到這個神學目的。我們懷疑一些更活躍的教會，沉浸在大量令人目眩的活動，包括籃球比賽、義賣、實地考察、研究小組、社區服務和宗派活動，只是巧妙地嘗試避免踐行教會的基本神學目的。這些教會甚至連崇拜都往往有喘不過氣、匆忙、令人分心的特點。忙碌、興旺的市郊教會，它的計劃和活動很難與社區的基督教青年會（Y.M.C.A.）分得清，它的牧者似乎只是社區會所的項目主任。這樣的教會處於十分危險的景況，是教會不願意承認的。神學家早已指出，我們伯拉糾式的忙碌（Pelagian busyness），往往是以工作／義行（work／righteousness）掩飾我們靈性的空虛。

只有當小型教會恢復並大膽宣稱，星期日對它們教會的生活和普世教會的生活那基本的重要性，它們才能夠恢復教會獨特的使命感，及其正面的自我形象。小型教會可能沒準備好去做大型教會近年承擔的一些工作，但它們完全預備好去宣講和高舉道，照顧和造就基督的身體，並用尼布爾（Richard Niebuhr）令人難忘的話說，促進「對上帝及鄰舍的愛的增加。」要實現教會的神學目的，永遠都不需要一大羣人。

明確地說，這表示小型教會的牧者需要視講道和帶領崇拜為他們主要的牧養活動。這不單有好的神學理由，也有好的踐行理由。在星期日早上的聚集，牧者比整個星期任何其他場合都有更長、更專注和更刻意的時間，與更多會友一起，面對他們。任何牧者如果輕忽地對待這個場合，都是愚蠢的。小心計劃崇拜，靈巧地預備講章，不斷重新評估和改善帶領崇拜程序的技巧，都是必須的。很多更正教的牧者在講道和崇拜的責任方面冷淡和投資不夠，這是可以理解的，因為他們近年得到的事奉形象十分混亂；但這也是可悲的。教會，特別是小型教會，對牧者的表現的期望總是離不開講道的能力、帶領崇拜的能力，以及在領導星期日早上的活動時所表現出的溫暖、關心的態度。其他牧養活動可能是寶貴的，甚至是必須的。但人們知道，如果牧者在星期日的講道和崇拜中不能幫助他們，好好帶領他們到上帝那裏，這牧者在其他需要**牧者**的教會活動中——作為組織主管、組織社區活動者、社會工作者或好朋友，基本上都不能幫助他們。

而且，小型教會需要視星期日的崇拜為他們教會的主要活動。例如：大部分小型教會在嘗試提供分級仔細、精心策劃的基督教教育課程時，都屢屢失敗，而宗派的教育工作者和製作課程資源的人都認為這些課程是必要的。我們對主日學可以做甚麼？或者我們可以怎樣有整全的青少年事工？這些都是長期存在的問題。很多小型教會的牧者，希望教導或支持教會的主日學時，卻忙於在不同的崇拜之間，由一間教會趕到另一間教會。我們往往忘記了，主日學是近代的發明，是想豐富教會生活的**平信徒**的創新想法。事實上，我們可以說，主日學的重要性的上升幅度，跟投放在早上崇拜的資源，以及早上崇拜的內容和重要性的下降幅度，是一樣的。

有很長一段時間，星期日早上的崇拜都是教會教育的主要源頭。在這裏，人們聆聽聖經，並聽從牧者以權威和敏銳的牧養觸覺詮釋它。牧者不單教導他們信仰的重大事件和主題，也帶領他們走過這些事件和主題。牧者不應哀歎小型教會不能夠提供某些教育經驗，而應該問：我可以怎樣計劃和進行我們的崇拜，以幫助人們更明白信仰，在信仰中更穩固地成長？有時候，教導性的講道是最恰當的；牧者可以成為駐堂的基督教教育工作者，闡述信仰的奧祕。兒童和青少年可以參與崇拜，負責拿聖經、擔任助手或司事、讀經員、撰寫禱文；這樣一方面讓他們幫助會眾敬拜，一方面又可以令他們得到教導。在接著幾章，我們會指出，我們需要在講道和崇拜中恢復更多聖經和神學內容，並提出可以怎樣做，藉以在星期日的崇拜給人們足夠的培育，助他們成長。

小型教會的牧者在星期日的崇拜中尋找牧養關顧、基督教教育、推動人們參與社會行動、培養羣體，以及令年青人歸信和培育他們的機會——這些都是明智的。因為牧者如果假設，就小型教會來說，這些事情如果不在崇拜發生，便不會發生，這假設很可能是對的。會眾的崇拜是可靠的寒暑表，可以探測小型教會的生活。在這裏，教會家庭（church family）歡慶它的得勝，哀歎它的失敗，活出它最深的需要。

小型教會往往對星期日的崇拜的既有踐行，流露出強烈的擁有感（sense of ownership）。它往往抗拒改變自身的崇拜，在習慣的模式受到干擾時表示憤怒。這種抗拒和憤怒證明星期日的經驗對小型教會的生活多麼重要，因此我們應該視之為正面的特質，應該加以肯定和豐富，而不應視之為負面的特點，要在牧者的操控下加以克服。

星期日崇拜的中心性，以及它表達和模塑教會家庭的身分認同感這個功能，是聚集、聯結或團隊式事工取向——這種取向結合兩三間小型教會的崇拜聚會——很少行得通的其中一個主要原因。這些嘗試的動機是可以理解的，包括人們渴望更大的教會、參加崇拜的人稀少，還有經濟問題，以及對牧者的時間和精力的關注。但這些行動的結果通常也是可以理解的：會友人數進一步下跌，不能實現任何真正合一或集體的身分認同感，以及對崇拜缺乏參與。如果一個羣體擁有任何有價值的功能或使命感，那個羣體就有一個獨特的身分、特別的個性。將這個性與另一個個性結合，會將兩個個性都破壞掉。結合兩間小型教會的崇拜的動機，往往來自容許活動或組織的維繫價值，凌駕於崇拜禮儀和神學價值。我們可以明白，為甚麼牧者和宗派領袖想將小型教會的崇拜結合；我們也可以明白，為甚麼小型教會的會友抗拒這種做法。

差不多二千年以來，牧者都在星期日的講道和帶領會眾集體崇拜中進行牧養關顧、訓練和教育、培育和支持、輔導和勸導、裝備信徒參與社會行動，以及將信仰傳遞給年青人。對今天大部分小型教會和它們的牧者來說，星期日仍然是他們一起的生活中最基本和最有希望的資產。

第四章

崇拜服事

一間市郊的活動主導教會每星期四都將週刊寄給每位會友。除了星期日崇拜的程序外，它還列出了未來一星期的所有活動。初秋普通一星期活動時間表包括：

星期日： 初級少年團契滾軸溜冰聯歡會
高級少年團契露天燒烤

星期一： 婦女週年義賣工作坊
行政部會議
與三一堂的籃球比賽

星期二： 女幼童軍
男幼童軍
財務委員會會議

對非洲獨立運動的宣教研究

星期三： 早上外出母親託兒計劃
關懷社會委員會就建議的貫通東/西
公路路線舉行論壇

星期四： 小天使詩班練詩
初級詩班練詩
少年詩班練詩
手鈴詩班練習
教會詩班練詩

星期五： 男童軍
青成方形舞小組
團契愛筵

星期六： 高級少年團契洗車活動

在充滿行動者、生產者和消費者的社會中，我們很難記得教會首先是蒙召去**成其所是**（to be），而不是去**做事**（to do）。**做事**容易得多。不過，上帝總是最主要的行動者；我們是上帝愛的行動的接收者。上帝呼召我們成為祂的百姓，**參與**（join in）上帝的工作——而不是**接管**（take over）上帝的工作。教會的「活動」是上帝的，不是我們的。教會受到試探，視它的努力本身是目的，彷彿我們的目的是由更多人執行更多活動，而不是「增加對上帝和鄰舍的愛」；彷彿我們要視基督徒生命為責任，而不是回應。我們屈從於這種試探時便開始認為，個別基督徒的存在，是為了支持教會和牧者的活動；而教會存在，是為了支持宗派的活動；而宗派則做上帝的工作。事奉必然是「在外面」（out there）或「在上面」（up there），而不是在教會的範圍裏面（within）。教會會友傾向視自己為大組織的一部分，在其中，個別信徒的工作是為「在上面做上帝工作的人」提供支持、資金和禱告。神學關注不斷有被宗派關注吞噬的危險。

在《道和聖禮的事奉》（*Ministry to Word and Sacraments*）中檢視了教會事奉的不同目的後，羅馬天主教學者庫克（Bernard Cooke）總結說：「但我們不能避免一個印象，就是羣體的主要事奉是藉由其**所是**來實行的，準確地說是作為信心和愛的羣體，從而見證上帝在基督和聖靈裏的拯救行動同在。」再一次，教會的主要本分是**成其所是**，而不單是**做事**！

在星期日早上崇拜時，牧者在講壇和聖餐桌旁的行動，應該挑戰教會的世俗和官僚形象，將它推回它基本的神學來源。小型教會往往是組織及其帝國主義式宣稱的受害者，而不是得益者；小型教會除了星期日早上宣講和讚美的活動外，沒有很多其他活動足以自誇，它們現在可以號召一些更大的教會，回到教會的神學根源和責任。

崇拜的中心性

我們崇拜時，忙於服事上帝。這是我們往往稱星期日的聚集為崇拜服事（worship service）的原因。崇拜是基督徒的工作。當然，這工作在教會建築物裏面進行，也在教會外面進行。「禮拜儀式」（liturgy）這詞的字面意思是「眾人的工作」。每當上帝的百姓為上帝工作，回應上帝的榮耀時，那就是他們的禮拜儀式——他們的崇拜。無論是我們在星期日舉行的禮拜儀式，還是星期一到六舉行的禮拜儀式，都是同一個整體，全都是我們「永遠榮耀上帝、享受上帝」的召命的一部分。在新約時代和初期教會，星期日的禮拜儀式和一星期其他日子的工作是不能區分的。我們藉著向上帝禱告、向上帝歌唱、以愛說出上帝的真理、給飢餓的人食物、為上帝爭戰、愛窮人、與受壓迫者站在一起而服事上帝，這些全都是崇拜。

星期日的崇拜服事是所有其他對上帝的服事的中心，也是那些服事所必需的，對那些服事而言是基本的。正如上一章指出，崇拜不是其他有價值的行動中可有可無的一種行動。一位女士說：「我藉著在長者飲食計劃中工作，以及協助推動教會的青年計劃而服事教會，我不明白為甚麼每個星期日我都要到教會；我感覺不到需要崇拜。」說這話的女人是誤解了。星期日有助提醒我們，我們是誰，我們不是誰，以及藉著上帝的恩典，我們在變成誰。崇拜提醒我們，為甚麼我們服事，以及我們服事的是誰。星期日既是我們所有服事的推動力，又是對我們所有服事的判斷。它提醒我們，我們的活動不全都是上帝的活動。它提醒我們，我們對世界的一些服事，是為了自我滿足而做的，或者只是給世界它以為它想要的東西。星期日提醒我們，對我們的要求是神學使命（theological mandate），不單是出於利他主義或人道主義，嘗試做好事。當我們的靈軟弱、我們的視線模糊時；當小型教會因為它的任務那麼大，因為它不能成為上帝呼召其所是而感到氣餒時，星期日的崇拜恢復那使我們不至放棄的盼望。在小型教會的生活中，有多少次，家庭聚集起來，沮喪、氣餒、無望、迷惘，但崇拜結束時卻成了新人？有多少次，破碎、爭吵、軟弱、孤立的個體聚集一起崇拜後，卻成為基督合一的身體？換句話說，崇拜不尋常的其中一面，是在我們忙於服事上帝時，上帝也忙於服事我們！

在美國東南部，鄉郊的小型教會的會眾有時稱星期日崇拜為「去參加聚會」。他們在仿效以色列人，後者將曠野的聖所稱為會幕（「相會的帳幕」）。近年，人們傾向視星期日崇拜為治療、社會行動的推動力、團契的輔助、個人默想的刺激物，或者藝術表演。這些事情都可能在崇拜發生，但如果它們成了崇拜的**目的**，我們進行的便不是基督教的崇拜。在崇拜中，我們與上帝相遇，也與上帝的百姓相遇；而上帝和上帝的百姓也與我們相遇。所有配稱為崇拜的崇拜，都必須是這種相遇發生的場合。

在我們日常生活中和在星期日早上，我們的會面伴隨著好些禮儀，也由好些禮儀促進。我們在街上遇到陌生人時，有一連串禮儀化的行動，幫助我們打破界限，與對方接觸。握手、親吻、簡單的一句「你好嗎？」，都是我們與別人相遇的禮儀化方式。父母指導孩子怎樣恰當地與別人相遇，也讓別人與他們相遇。沒有這些禮儀，我們的生命可能是孤立、自我封閉、內向的。教會也有一系列固定、可預測和禮儀化的方式，促進我們與上帝的相遇。星期日早上的崇拜程序，是一連串禮儀化的行動，透過這些行動，我們盼望與上帝相遇，上帝也與我們相遇。

聖經包含歷代以來上帝與人類相遇的見證，並肯定上帝今天會繼續與祂的百姓在約定的時間相遇。以賽亞在聖殿與上帝相遇；摩西在曠野與上帝相遇；耶穌在西門的家和樓房與門徒相遇，這些會面都是聚餐；使徒行傳的相遇成了聖靈降臨和教會誕生的時機——這一切都顯示了我們與上帝相遇的場合、模式和結果。

我們這裏的目的不是討論各種崇拜程序的相對優點。我們為星期日早上的崇拜選擇某套程序，無論那套程序是印在週刊上、從書上讀出來，或者只是仰仗聖靈不拘形式的帶領，都應該顯示該羣會眾對信仰的特定理解和見證，以及他們與具歷史意義的禮儀性的表達的關係。太多小型教會因為牧者隨意強加崇拜模式給它們——不理會會眾屬於哪一類——因而受到損害。如果其模式是源自大型教會「正確崇拜」的模式，結果可能是災難性的。由義工硬著頭皮表演的「聖詩」二重奏；由三人詩班表演，在二十英尺的通道走過的「列隊行進音樂」；擺出遙不可及的姿態，彷彿自己在帶領三千而不是三十人的牧者；人數很少，而且大部分都不識字的會眾，在崇拜的大部分時間都在翻閱印刷的週刊，以及崇拜儀節的書籍——這全都顯示帶領崇拜者不夠敏銳和缺乏創意，他的模式太受限制，不能夠對小型教會有多大幫助。粗心大意地將外來的禮儀風格和模式強加給會眾，當會眾不能像大型教會那樣好好實行，他們的反應可能是沮喪、頑固地抗拒（表示他們以前的崇拜模式對他們有意義），或者靜靜地從崇拜退縮、個別地默想，或者在教會集體崇拜以外尋找別的崇拜經驗。抱怨說「我的會眾並非真的投入崇拜」的牧者，往往是在處理不加思索的崇拜創新帶來的後果。人們不投入，因為那不是**他們的**崇拜。

這不是說，凡是會眾在崇拜聚會中習慣了的，都是適當的。很多小型教會崇拜的既有踐行都可悲地不適當，因為牧者沒有注意它們；或者因為要與其他教會共用牧者，崇拜舉行得不夠頻密；或者牧者未受過訓練或只是實習神學生，沒有足夠的領導能力；還有很多小型教會令人困擾地傾向以大型教會的做法來安排自己的崇拜。因此，大部分小型教會的重要任務，是小心地用批判的眼光看崇拜的程序，然後問：我們可以怎樣改善我們的崇拜，令它更能表達我們是誰（是上帝的家），和上帝是誰（是呼召我們一起在這裏聚集的那一位）？給小型教會牧者的問題不是：我可以怎樣改變這教會的崇拜模式，令它配合宗派的模式，或者在歷史上受到尊重，或者在美學上討人喜歡？問題應該是：我可以怎樣運用我的牧養專長和對具歷史意義的禮儀表達的知識，令會眾的崇拜能更好地模塑和表達他們的信仰？

崇拜現時的困難

在觀察了很多小型教會的崇拜聚會後，我們發現一些主要的困難。

1. 我們同意蒂利克(Helmut Thielicke)的看法，他說禮儀的首要目的，是容許聚集的會眾成為崇拜聚會的行動主體(acting subject)，並相應地容許他們參與崇拜。不過，我們的一些做法似乎促使人們遠離崇拜，而不是有分於其中。看見小型教會在教會生活的各方面都有很多參與——高度參與教會會議、金錢奉獻和福利事工，但會眾在星期日崇拜時，卻只是靜靜地坐著，觀看牧者表演，實在令人困擾。

為甚麼所有讀經、禱告、宣佈和宣講都由牧者一個人負責？視講道、聖餐的感恩禱告、宣赦和祝福為專屬牧者的環節，是有理據的。但平信徒在聚會中可以扮演積極得多的角色。很多小型教會已經有平信徒，是當牧者不在，或者當教會與另一間教會在星期日共用牧者時，有帶領崇拜經驗的。這種平信徒領導(lay leadership)應該得到提倡，加以肯定和訓練，作為所有基督徒在崇拜中共同事奉的記號。

使用印刷的崇拜程序表或週刊，在基督教崇拜中是頗為近期的創新做法；複印機的發明令印刷週刊變得可能。但這種做法有好也有壞。使用週刊的惟一理據是促進崇拜中所有人的參與，如果崇拜內容或崇拜程序永遠都不改變，便不需要有週刊。事實上，根據我們的觀察，週刊妨礙多於幫助集體崇拜。它很容易使人分心，令崇拜者受到印刷出來的東西奴役，每個人雙眼都固定在週刊上而不是在崇拜帶領者和崇拜的活動上。即使不用印刷品，更正教的崇拜已經有太多話說，太受印刷的書頁限制，太理性和太被動。如果我們在帶領數以百計的人，他們從未聚集過，不知道要做甚麼，印刷的崇拜程序可以促進他們參與。但一個家庭，以羣體、秩序、可預測性、不拘形式和殷勤接待的感覺生活，便不大需要這種人工輔助。可惜，在小型教會，印刷週刊的主要功用，往往似乎是地位的象徵，顯示它渴望與大型教會相似。

我們促請牧者考慮採用「叫出」（bidding）崇拜程序這種經得起時間考驗的做法——自然地宣佈唱甚麼聖詩和禱文及啟應文的頁數。用言語引導會眾崇拜，增強牧者作為崇拜提詞者（prompter）、引導者和主持的觀念，而不是作為辛勤地完成星期日活動的領袖，會眾只是恭順地跟從週刊。牧者在兩間或以上的小型教會服事時，週刊很可能更不適合，特別是如果同一份週刊在所有教會都使用的話。每間教會都需要認知，雖然它依從一套被廣泛接受的崇拜模式，但作為教會，它本身的身分和獨特需要是得到尊重的。

星期日禮拜儀式的部分力量在於它的可預測性，它的不變性，人們毋須想接著要做甚麼，於是自由地沉浸在崇拜的禮儀中。對選擇一種基本的崇拜模式，然後恆久跟從，直到牧者和會眾都習慣這方面，我有很多話要說。每個崇拜行動的內容每星期都可以不同——根據教會年曆、會眾的需要、那天的經課，或其他事情——模式本身應該得到依從，作為穩定和結構的來源。例如：每個星期日的聚會都由一個始禮祈禱開始，但在大齋節期間，那祈禱可以是認罪；而在復活節期間可以是感恩；可以是由牧者發出的祈求，或是由平信徒帶領的短禱。熟習一個崇拜的基本模式，在內容上根據不同節期而變化，有助崇拜者在聚會中感到自在——

有期待和投入——同時又提供機會，可以不拘形式和容易適應，令小型教會的崇拜成為獨特的經驗。我們的崇拜程序應該促進的是家庭的聚集——每一個家庭成員都感到受歡迎，應邀參與——而不是經小心安排的慶典，在其中會眾主要是觀眾，而不是演員。

2. 我們崇拜的基本神學內容需要豐富起來。我們這些繼承美國復興傳統的人，往往發覺我們在其中崇拜的教會，進行崇拜的方式，彷彿是人們一生中第一次到教會。聚會的目標似乎是一種重複且可悲地耗費精力的情感熱情。那目的似乎是促進一種溫暖的感覺，或者罪疚感，或者快樂的感覺，卻不是提供堅實的培育，帶來屬靈成長。在聚會中讓會眾做的事情太少；禱告、讀經、唱詩和講道提到的神學主題太少；最重要的是，對聖經的處理完全不足夠。

使用其中一種新的三年經課（見進深閱讀建議），確保從新舊**兩**約中擷取更豐富的經文；使用全面的崇拜程序，讓平信徒有足夠的機會參與，有多種崇拜言語和行動；牧者小心留意牧禱內容、講道、教會年曆的節期，以及崇拜不同的言語或非言語行動，全都有助確保人們得到他們需要的培育，以及他們應受的挑戰，這些培育和挑戰來自全然高舉並宣告那全備的福音。

3. 小型教會崇拜中使用的音樂，要不是它們的一個長處，就是它們最弱的其中一環。一些小型教會懷著熱誠歌唱，這種熱誠是曾經以歌唱的力量橫掃整個大陸的教會現今很罕見的。但太多小型教會哀歎詩班細小而不足、會眾的聖詩範圍可悲地有限、在未經訓練的樂手以廉價的電子琴差勁伴奏下半心半意地歌唱，在在都講述了小型教會的音樂那可悲的狀況。在我們與牧者的討論中，談到星期日早上苦惱的來源時，音樂是他們最常提到的。

同樣，部分問題是小型教會傾向以大型教會為典範。基督教崇拜的歷史顯示，詩班往往對崇拜的音樂造成損害。從中世紀的唱詩班（*schola cantorum*），到美國更正教誇張的百人大詩班，都有方法劫掠會眾，直到崇拜的音樂被化約為藝術表演，而不是上帝所有百姓的歌曲為止。小型教會的牧者應該記得，還有比星期日早上沒有詩班更糟的事情，那就是有詩班，但詩班忘記了它應該**幫助**會眾歌唱，而不是**代替**會眾歌唱！面對當代的崇拜更新，其中一個最棘手的關注是將音樂交回給會眾。在小型教會，會眾可能已經背負音樂的擔子，因為他們需要這樣做；在這個情況下，教會的任務不是建立令人印象更深刻的詩班，而是令教會的聖樂帶領者視自己為領導會眾、促成會眾歌唱的人，而非表演者。

在教會音樂這件事上，其中一個要素是牧者自己對透過音樂去敬拜的承擔。如果牧者懷著熱誠投入崇拜的歌唱，會眾往往會跟隨這種帶領。如果牧者享受學習（和教導）新的聖詩，大部分會眾都會以同樣的方式回應。雖然一些「好的古老聖詩」在音樂和神學上可能有問題，但在將它們從會眾的歌集中清除時必須小心。即使好的古老聖詩中最糟糕的那些，也可能比完全沒有聖詩好，因為在會眾歌唱中，參與和熱誠往往可以補足有問題的神學。可惜，當代的聖詩創作沒有給我們很多可以歌唱、在神學上又充分的聖詩，以取代古老的聖詩。每當介紹新聖詩時，必定不能以「這是一首我喜歡的聖詩，你們也應該喜歡！」這種精神介紹，而應該說：「這是一首我想你會喜歡的聖詩，它會豐富你的崇拜經驗！」

「月詩」，即整個月每個星期日都唱同一首詩，直到熟習為止；聖詩歌唱會，即會眾聚集一起，不單唱好的古老聖詩，也學習一些新聖詩；由詩班先唱的聖詩，作為獻詩，然後教會眾；這些都是「推銷」新聖詩的可能方法。沒有在崇拜前至少練習幾分鐘，永遠都不應該強行將聖詩推給會眾。我們研究過的一間教會，總是在聚會開始前，等候牧者從另一間教會來到時，唱清晨聖詩（morning hymns）。這不單是聚集一起崇拜的好方法，也是學習新聖詩或溫習不熟悉的聖詩的好方法。在小心留意教會年曆、當天的經文和講道，以及崇拜的整體流程的情況下選擇更多不同的聖詩，有助豐富我們的崇拜。

由誰帶領會眾歌唱，或由誰為會眾的歌唱伴奏這個問題，對小型教會可能是更大的困難。有音樂天分的人可能不多，或者親愛的老瓊斯太太已經帶領了詩班或彈了鋼琴太多年，這些困難都沒有輕易的解決方法。由於音樂是十分個人的表達，人們對自己的天分和品味傾向頗為敏感。牧者在這裏要孤軍作戰，我們祝他們好運！一般來說，質素好的鋼琴比廉價的風琴更好；無伴奏或以結他或古琴

（autoharp）伴奏，比完全不唱歌更好。我們甚至發現一間小型教會，沒有鋼琴或司琴，於是使用卡式錄音帶幫助會眾歌唱。正如大部分其他小型教會的困境，關鍵可能是牧者以自己的創意來應對和解決困難，不是基於一些較大型的教會怎樣做，而是基於那小型教會獨特的信仰表達。

4. 我們也應該指出其他幾個不同的困難，讓牧者在計劃崇拜的聚會時可以加以考慮。在很多教會，讀經和講道的時間之間仍然有很大和無法解釋的鴻溝。要重新激發解經講道的喜悅，將讀經時間放在講道之前是最合理的做法。

在整體崇拜中，經課、唱詩、禱告、詩篇、獻樂和講道往往缺乏連貫性。這種不連貫傾向分散聚會，令參加崇拜的人離開時，同時有多種不同的神學方向和情感方向。解決方法是牧者和所有帶領崇拜者之間有更多的計劃和協調。一般來說，我們提議圍繞當天經課的主題或禮儀處境來建構崇拜。

在我們觀察的大部分崇拜程序中，都沒有足夠時間或鼓勵，讓人回應經文和講道。這不一定表示在講道後有正式的對話，雖然對小型教會的一些講道來說，這可能是值得考慮的好事。回應講道的環節很可能已經在很多小型教會發生，即使它們不在早上的崇拜發生！但當把講道放在崇拜聚會的最後，便沒有機會進行認信（信經）、奉獻、壇前呼召或禱告這些回應。因此，人們得到的印象是，基督教信仰只是聽道，然後回家吃午飯而已。回應和責任是福音不可或缺的層面。讀經和講道必須在崇拜中較早出現，以便我們的大部分歌唱、禱告、奉獻、洗禮和吃餅喝杯都被視為對道的回應，而不單是為了講道「表演」而進行的熱身。

5. 最後，關於回應的問題，我們應該指出，或許在小型教會（以及大型教會）的崇拜中，最明顯的不足是可悲地忽略了聖禮。很多更正教的崇拜在神學內容和聖經宣講方面薄弱，提供不足夠的機會讓會眾有意義地參與，有太多言語、教訓，太理性和被動，其中一個主要原因是聖禮不再是星期日崇拜經常出現的部分。這個發展在大型教會是可悲的，在小型教會則更可悲。但這是更大的困難，也可以帶來更大的可能性，我們會在接著兩章更詳細地處理。

在死前不久，偉大的神學家田立克（Paul Tillich）

說，二十世紀初期的教會需要處理罪疚及和好這些核心議題，而二十世紀後期的教會則被迫處理現代人追求意義和羣體的問題。在星期日早上，小型教會歷經崇拜的不同活動時，是向本身和世界作一個神學聲明，講述它如何理解上帝呼召我們接受的生命的意義。因此教會需要反思它的崇拜聚會，確保我們在這聚會的儀式中所表達和模塑的意義，是我們想要表達的意義，而且是以盡可能最好的方式去表達和模塑。崇拜也是一個工具，透過它，我們在與上帝相交時，我們的羣體得到模塑；我們與上帝相遇時，也與彼此相遇。教會也需要反思，以確定我們在這聚集的禮儀中模塑的羣體，是上帝呼召我們成為的羣體——確保這羣體是**上帝的**羣體，它存在只是要藉著「榮耀上帝和永遠享受祂」來服事。

第五章

主的晚餐：家庭的聚餐時間

耶穌走向祂地上事奉的高峯時，在一個家庭的樓房聚集門徒，和他們共晉晚餐。這是耶穌的典型做法，將一項最尋常和最基本的人類活動——與朋友分享晚餐——轉化成神聖的符號，象徵上帝透過祂給世界的恩賜。

樓房上的晚餐不是要作為**最後的**晚餐，因為按福音書描述，在陰鬱的聖星期四（Maundy Thursday）的晚餐後，門徒也與復活的基督吃過多次飯。有以馬忤斯的晚餐，在那裏，基督的同在在「坐席的時候」，和「給我們講解聖經的時候」開了沮喪的門徒那迷糊的眼睛（路二十四 13～35）；還有海邊的早餐，教會要建立在其上的「磐石」彼得，獲委派去「餵養我的羊」（約二十一 17 下）；甚至教會在五旬節的狂風和喧鬧聲下的誕生，所應許的聖靈降臨令障礙得到超越，也在「存著歡喜、誠實的心」「擘餅、禱告」中（徒二 42、46）達到高潮。這還不是進餐故事的終結。從五旬節開始，初期教會在主日聚集，是為了分享保羅所說的「主餐」（the Lord's supper；林前十一 20）。奉基督的名，並在祂同在下一起進食，成了基督徒在星期日做的事。

初期教會的例子

留意游斯丁（Justin）在《第一護教辭》（*Apology I*, 67）中所言——他描述大約在公元一五〇年，他在羅馬的小教會的星期日聚會。

> 在稱為星期日那一天，所有居住在城市和市郊的人都聚集在一個地方。只要有時間，便會讀出使徒的回憶錄或先知的著作。讀完後，主席在講論中勸誡各人，邀請他們踐行這些榜樣的德性。接著我們站起來，獻上禱告。正如我們以前提過，我們結束禱告後，便呈上餅、酒和水；主席同樣按自己的能力獻上禱告和感恩，然後眾人說「阿們」，表示同意。「聖餐化」

> （eucharistized）的餅和酒分給各人，各人都領受，並由執事送給沒有出席的人。富裕的人如果願意的話，會獻出他們認為恰當的金錢；收集到的金錢交給主席，他用來照顧孤兒和寡婦，以及因為疾病或其他原因而有需要的人，還有被擄的人，以及寄居我們中間的外人——簡單來說，他是所有有需要的人的牧者。（Bard Thompson, ed. *Liturgies of the Western Church* [Cleveland: World; Meridian Books, 1962].）

游斯丁描述的是喜樂的聚餐，即聖餐的行動（eucharistic act；該詞來自*eucharistein*，意即「獻上感謝」），聚在上帝的家一起歡慶、接受和傳遞上帝的恩賜。

今天，小型教會在星期日聚集，守主餐（或聖餐〔Holy Communion〕或聖餐禮〔Eucharist〕）時，很接近基督教信仰最古老、最規範、最普遍的表達：基督徒在主日圍著主餐桌，好像家庭般的小型聚集。

在思想小型教會的主餐禮時，應該記住兩件

事。首先，更正教和羅馬天主教過去幾年的禮儀研究，都集中在初期教會——教會的頭三百年，游斯丁描述的教會——的崇拜，並發覺這個時期的崇拜習慣、神學和禮儀，在推動我們超越過去爭論中一些不幸、徒勞和錯誤的困境時，特別有幫助。我們繼承的很多禮儀和聖禮神學都被認為不足、不合乎聖經、只限於中世紀晚期羅馬天主教會對禮儀的狹窄了解，或者囿於後宗教改革運動（post-Reformational）爭議中一面倒的看法。藉著跳過過去四百年的一些爭論，我們可以全新理解聖餐，這些理解是小型教會的崇拜領袖不應忽略的。現代禮儀改革以早期基督徒為榜樣。在聖公會、信義會、羅馬天主教會和聯合衞理公會中，近年都產生了新的禮儀，它們新的聖餐聚會深受教父著作的影響。簡單來說，這些新的聚會顯示，當代的禮儀更新，從教會變得巨大、成功和受到尊重之前的階段得到提示；在教會的崇拜有機會變得盛大、戲劇性和鋪張之前，在星期日的崇拜退化為講員／詩班向一羣孤立、被動的個體表演之前的階段得到提示。當代崇拜更新的指引，來自當時仍然是家庭，圍著家裏的桌子聚集、吃家庭晚餐的教會。

第二，在思想小型教會的主餐時，我們必須不斷留意小型教會的特別本質、優點和弱點、目標和需要。雖然一些小型教會由於牧養領導訓練的貧乏——未獲授權主持聖禮的部分時間實習牧者，或者每星期日與好些教會共用，並視聖餐為麻煩，不值得額外努力的牧者——聖餐儀節因此受到損害，但大部分小型教會都有一些本身的特點，令它們最適合進行聖餐的更新。大部分小型教會作為「組織」，明顯有弱點，但幾乎每間小型教會都是可以信任的家庭。它們喜歡家庭式活動；它們好像家庭一樣回應一些處境；它們很重視團契、一起和合一——即使正如任何家庭一樣，這些價值往往是目標，而不是現實。崇拜時長椅上沒有人，與晚餐桌的空椅子象徵著同一件事——家庭不完整。小型教會的生活節奏往往插入了一連串的歡慶——節慶、重要的事件，記下教會家庭一起生活的重要時刻，並肯定它的共同身分。無可避免的是，這些家庭式的歡慶都與進餐有關。你有沒有停下來想過，強健的小型教會有多經常一起進食，而這又有甚麼明顯的含義？我們考慮小型教會的主餐時，必定不能忽略這種特質。

守主餐的中心主題

在近年對主餐的歷史、神學和踐行的研究中，浮現了四個中心主題。這些主題在更正教和羅馬天主教學者中得到廣泛的認同，也與在小型教會中守主餐有關。

1. 星期日早上崇拜的常規，是一個以道和主餐桌為主的整全崇拜（a full service of Word and Table）。恢復經常守主餐的做法，在教會的崇拜是必須的。

2. 主餐應該以基督整個拯救工作為焦點，包括祂的出生、生平、受苦、死亡、復活、升天和現時的掌權，而不單是嘗試重演樓房上那陰鬱的晚餐。主餐不是為死去的朋友舉行的追思禮拜；它是高高興興地為已復活和正在掌權的主歡慶得勝！

3. 主餐是教會作為基督的身體合一的記號。它的目標是與基督相交及彼此相交的喜樂，而不是個人主義、自我中心、側重悔過的內省。星期日是羣體和團契的日子；與上帝的私人約會可以在其他日子舉行。

4. 主餐的中心是一頓飯。恢復那頓飯，提供真正的餅和酒，經祝謝後以足夠的分量分給人，有助重新開啟奉基督的名吃餅喝杯的豐富象徵意義。

提出這些關於主餐的基本原則後，我們現在必須提出這些原則在教會崇拜中的一些實際含義。

首先，大部分更正教徒都需要致力恢復主餐在教會崇拜生活中那正確的重要地位。每季守一次主餐完全不足夠。在崇拜中，不經常如此行，往往會滋生冷漠和誤解。不經常守主餐絕對不如有些人宣稱那樣，會令聖餐變成「特別節目」，而是通常令會眾視之為古怪、不尋常、可有可無、附加和完全可以不要的東西。從聖經、歷史和神學來看，基督徒在星期日聚集而**沒有**主餐禮，是不尋常的。

加爾文（John Calvin）和路德（Martin Luther）這樣的更正教改教家知道，道和聖禮是唇齒相依的。禱告、讀經和講道構成信仰的宣告；奉獻、祝福、擘餅和分發聖餐構成信仰的演示（enactment）。道必定不能夠只是傳講，它也必須被踐行出來。道不單以言語的方式來到我們這裏，也是以行出來、可感知、可見的象徵方式來到我們這裏。我們的言語令崇拜適切、適時和獨特；聖禮則令崇拜永恆、超越和普遍，將我們與「在任何時間和地方」獻上自己和自己的恩賜給上帝，因此看見自己和自己的恩賜被上帝轉化的人，聯合起來。

在主餐受到忽略的教會，可能需要長期的再教育，會眾才會對更頻密地守主餐感到自在。進行這樣的再教育，最好的方法是透過好好計劃、熱誠地帶領和經常守主餐。如果聖禮有意義，參加者應該明顯看到。主餐禮的意義可能不明顯的其中一個原因是：我們守主餐守得很糟。每個人都知道一起用餐是甚麼意思，因此在基督同在下一起用餐的意義應該是明顯的。不過，如果我們守主餐的方式，沒有讓任何人明顯看到我們是快樂地聚餐，那麼我們便已經破壞了它的意義。會眾，特別是小型教會的會眾，對他們的牧者感到熱情的事物，也會感到熱情（如果他們肯定那牧者是**他們的**牧者）。或許他們只是因為有一位對甚麼都熱情（enthusiastic；字面意思是「被靈充滿」）的牧者而感到高興，又或者因牧者對事情應該怎樣發生具有異象而感到高興！如果牧者對待聖餐的態度是：「唔，這令人厭倦，但我們還是要做」，那麼會眾來到聖餐桌時，肯定也會感到抗拒、沉悶和沒趣。但如果牧者傳達一種態度，表示：「這對我來說是特別的時間，是我熱切等待的時刻——少有的時刻，以很特別和親密的方式與你們所有人一起」，只有遲鈍的會眾才會不以同樣的方式回應。永遠不要忘記，每次牧者帶領崇拜，都是在教育會眾。事實上，對小型教會來說，崇拜可能（正如它一向對教會所應具有的意義）是主要的教育活動。牧者在帶領崇拜時必須小心，他們要確保自己在教導自己真正打算教導的。

正如任何崇拜的創新一樣，有時候在特別的聚會引入一種對聖餐的新態度是有幫助的，那時會眾期望一些稍稍不同和不尋常的事情，更能夠容忍改變。很多牧者報告說，他們能夠藉著在平安夜的聖餐崇拜或復活節的主日引入平安禮或共同的杯（the common cup）這些新（實際上十分古老）的踐行，從而向會眾「推銷」這些踐行。雖然牧者有責任尊重所有會友的意願和感受，但不需要全體意見一致，只需要有大致的共識，便可以引入新的崇拜踐行。有時候人們並不真正知道自己喜歡甚麼，不喜歡甚麼，直到在一段時間中經歷過那些事情後。一位牧者報告說，教會的行政委員會本來不願意每月都舉行聖餐，但他説服他們同意嘗試六個月，然後再評估這種踐行。到了評估時，牧者問委員會成員的反應，他很驚訝地聽到他們回應説：「我們這間教會過去一直每月守聖餐。這是這裏的傳統。」

為恢復聖餐建立牧養策略時，與會友討論這件事，找出他們抗拒更頻密地守聖餐的原因，是有幫助的。以下是一些經常聽到的反對意見。

1.「要花太多時間。」我們的確不應進行冗長的崇拜，解決方法主要是簡單的技術性細節。雖然在小型教會，聚會的長短不像在大型教會那樣構成問題，策劃崇拜的人也必須小心，盡可能有效率但又不匆忙地分發餅和酒。領聖餐的人不需要匆忙，也不需要好像軍人那樣準確地來回走動。這是聚餐，不是軍隊巡行。應該排除重複的「差遣」（table dismissals），它不必要地拖長和打斷崇拜的流程；使用共同的杯，以及實行連續的聖餐：人們自己走到桌前，自己走開，都會縮短實際所用的時間，以及提高聖餐禮那流動、團契的特質。

2.「我喜歡詳盡的講道，而在聖餐主日，我們的牧者通常只進行短講，甚至不講道。」聖餐永遠都不應該排除講道。傳講的道與聖餐桌有不可分割的關係。很多更正教徒反對更頻密的聖餐，因為他們懷疑牧者利用這些時間休息，不講道。主餐提供大好的機會，讓牧者傳講具體、生動和處境化的道。在聖餐的處境下講道，給牧者很好的機會教導聖禮的意義。雖然講道可能，而且通常應該簡短，但它卻必須是一篇完整的道。在主餐恩慈、具牧養特質的處境下，講員有自由去傳講自己最「先知式」的講道，因為主餐提醒會眾：從講壇宣告審判的那一位，也是在聖餐桌餵養人和得到餵養的那一位。牧者由講壇走到聖餐桌時，人們就記得，我們**所有人**都是飢餓的罪人，我們**所有人**都倚靠這裏可得的恩典。

3.「一切都顯得那麼憂愁和悲哀；我喜歡我們其他崇拜聚會的喜樂。讓我們將聖餐留給聖星期四吧。」人們避開聖餐主日的一個主要原因，往往是他們直覺地懷疑，我們常見的葬禮式聖餐與福音並不一致。令人悲傷的聖詩、悔罪的禱告、人們跪下、背景是憂鬱的風琴音樂、憂愁和「焦慮」的崇拜者，這些似乎與好消息沒有甚麼相似之處。正如我們較早時說，主餐**不**單是重複最後的晚餐。我們要歡慶上帝在基督裏整個拯救工作——而不單是祂的受苦和死亡。我們繼承的很多聖餐禮儀都不合乎聖經，亦有其神學局限——差不多全部集中在基督的受苦和死亡，沒有提到祂的復活和統治。我們往往走到桌前，彷彿我們最好的朋友死了。福音書説我們最好的朋友並沒有停留在死亡；祂在我們中間！應該彈奏喜樂的音樂，唱歡樂的聖詩，應該明顯看到明亮和歡慶的色彩。(我們不應單旁觀慶祝會，而應參與其中。)使用其中一種新的聖餐崇拜程序、站著禱告和領聖餐、鼓勵所有在場的人喜樂和放鬆地參與(必須教導軍隊般的司事怎樣優雅地邀請人們用餐)，可以恢復聖餐的意義——真正的**感恩**、真正與復活和得勝的主進餐。判斷你教會的主餐的色彩和內容是否恰當的一個好方法，是問：「我們的聖餐聚會適合復活節主日、五旬節主日或聖誕節的崇拜嗎？」如果不適合，你的教會就需要小心，令聖餐禮成為真正的聖餐禮。

正如我們較早時説，恢復聖餐的喜樂，部分來自重新捕捉與基督相交，以及在基督的身體中彼此相交的中心性。保羅強調主餐的這一方面，他告訴哥林多破碎和分裂的教會：「你們聚會的時候，算不得吃主的晚餐」，因為他們沒有分辨「那身體」（林前十一 20、29）。在這裏，「那身體」指圍著聖餐桌聚集的全體信徒。個人的、內省的、自我中心的崇拜與星期日是格格不入的，因為星期日是我們歡慶一起在身體中的生活的日子。那時侯，我們應該從牢固的個人主義中走出來，轉化成羣體，轉化成家庭。用保羅的話說，「我們雖多，仍是一個餅，一個身體，因為我們都是分受這一個餅」（林前十17）。用餐的行動，無論是主餐還是家常便飯，都可以把我們聚集在一起。對合一的教會而言，聖餐可以強化那合一。對分裂的教會而言，主餐成了要求人們克服不合一的邀請，以及克服這不合一的方法。我們不止一次留意到，一起用餐的教會就好像一起用餐的家庭，有方法維持團結。耶穌命令我們經常奉祂的名這樣做時，肯定知道這點。

細小、個人的聖餐杯或玻璃杯傾向反對共同聚餐的象徵，這也將會眾分裂成自足的領聖餐者的混合物，而不是保持教會作為合一的羣體。共同的杯的象徵手法顯而易見，而且有聖經基礎。一個個平面、無味、壓扁了、個別的小圓餅，較能夠象徵基督身體的破碎，過於象徵餅或身體的合一。這些事情會帶來分別。所有人都必須清楚看到，我們在這裏聚餐——這餐在意義上與我們其他的聚餐緊密相連，因此包含了每餐飯所包含的一切神祕和深刻的意義。但這餐也有特別的意義，因為吃它的是信仰的羣體，是在我們的故事和我們一起的生活這個處境下吃的，在我們有共同的需要和價值觀這個環境下吃的，在我們的主和救主的同在下吃的。對所有看見我們的人，必須明顯看到這是一個家庭，而不單是一羣孤立的個體，在這裏聚集。如果這樣舉行聖餐，小型教會只有很少成員需要牧者解釋，為甚麼這餐飯是我們信仰的中心。

恢復更頻密地進行以道和聖餐為主的全面崇拜的動機，本質上是牧養方面的動機。雖然這種恢復有充分和無可置疑的聖經理由、歷史理由和神學理由，但最好的理由是牧者渴望豐富眾人的崇拜生活。牧者敢於改變習慣了的崇拜方式（這行動必須以最大的謹慎度和敏銳度進行），是因為他們確信，會眾會從這種改變得到祝福。所有其他創新的崇拜動機都是可疑的。在朝向更頻密地守聖餐時，牧者確信，人們渴望和享受來自這種歡慶的情感、親密、喜樂，以及家庭般的相交，特別是在小型教會。恢復聖餐的任務不是看起來那樣困難的——特別是在小型教會。那些人已經知道在野餐或吃家常便飯時一起用餐多麼有趣；現在在筵席中肯定和宣稱基督的同在，更是好得多。他們已經知道記念共同的故事，重新肯定和歡慶一個共同的身分，由慈愛的牧者培育和餵養，在家庭中享受成員身分，得到邀請、承認、愛、餵養和差遣的喜樂；現在奉基督的名做這一切，更是好得多。

所有這些特質都令小型教會樂意恢復聖餐作為崇拜的中心事件。坦白說，在大型教會，令聖餐禮「有效」的困難是巨大的。大型教會很少準備好有真正的聖餐，聖餐桌的團契往往是不尋常的事件。小型教會卻不同，它在團契室的家常便飯和在禮堂的主餐的分別不是那麼大。正是在這種家庭式的教會，真正的崇拜更新會發生——而且發生在大型教會嘗到這新酒很久之前。

這一章開始時描述了第二世紀一間小型教會的崇拜；現在我們以二十世紀一間小型教會的崇拜作結。

我在一間細小的鄉郊教會參加「回家主日」（Homecoming Sunday），我以前教過的一個學生在那間教會服事。在這間教會，「回家」涉及那些已遷離的人回到教會，清理和打理教會的墳場，記念那些在過去一年去世的人，以及在空地舉行盛大的愛筵。

年青的牧師祖按習慣邀請了一位嘉賓講員。他已經向教會委員會提議在崇拜中守主餐。雖然自從祖來到教會後，教會習慣了一個月至少守一次主餐，但有些委員還是猶豫，因為他們預期會有很多來賓，而且他們總是習慣了「聽牧師講道，然後出去用餐」。經過一番討論後，祖說服他們同意一試（這是他們討論的慣常結果——他們喜歡祖，通常樂意給他的新想法一個公平的機會）。

為這崇拜，祖使用新的聖餐程序表，是由他的宗派出版的，供「諸聖日」或其他日子使用，只要教會想圍繞聖徒相通這個主題進行崇拜。這似乎適合回家的情境。

小小的禮堂擠滿了人，空氣中充滿期

待的氣氛。聖詩是喜樂、肯定的，由比平常人數更多的會眾好好唱出。大部分都是關於教會、它的傳承和它的使命這些主題。經課是馬太福音關於呼召門徒的記述。講員使用這段經文，思想門徒的責任，在講道中提到在我們之前的門徒傳承給我們的遺產。他指出，很多不同的人，有很多不同的長處和弱點，都在教會的聖餐欄杆前聚集，而我們今天的聚集，將我們與過去上前服事的人聯繫起來。

講道後，牧師帶領眾人代禱（在眾人為了不同需要，要求特別為他們禱告後）。禱告結束時，平信徒領袖大聲讀出會眾中在去年去世的人的名字。這時，好些人明顯受到感動，那是情緒十分激動的時刻。平安禮在奉獻禮之前，這時刻完美地表達了會眾的合一和情感，人們現在感受到這合一和情感，而這也是聖餐合適的前奏。會眾中很多人不單手牽手，也擁抱起來。平安禮只是以可見的形式表達他們在崇拜中一直感受到的事情。

收了獻金後，一對年青夫婦奉上餅和酒。她拿著餅，那餅明顯和令人喜悅地是自家製的；而他則拿著一大瓶酒。牧師將酒接到手中，倒進一個殘舊、古老，而且明顯深受喜愛的聖餐杯裏。

接著牧師帶領眾人進行特別的感恩禱告，集中在聖徒相通這個主題上。「來主餐桌前」，是他向眾人發出的領聖餐邀請。人們上前時，小小的詩班帶領會眾唱《先賢之信》（*Faith of Our Fathers*）、《教會獨一的根基》（*The Church's One Foundation*）、《以愛相連》（*Blest Be the Tie That Binds*）和其他與那天的主題有關、眾人喜歡的古老聖詩。牧師邀請眾人自行上前，如果想的話，他們可以跪在聖餐欄杆前，想跪多久便跪多久，當他們想領聖餐的時候，便伸出雙手示意。人們似乎喜歡可以這樣自由上前，喜歡留多久便留多久。

即使是這樣放鬆、自由的方法，在場的五六十人也可以在六至八分鐘內領完聖餐。牧師會放一大塊餅在每人手中，看著他們，説出他們的名字。「約翰，這是基督的身體，為你擘開。」「瑪莉，這是基督的身體……」之後是平信徒領袖，他以同樣敏鋭和關愛的方式分杯。我留意到牧師分餅時，很多人抓著他的手。牧師和眾人的關係顯而易見。

聚會結束時（在不到一小時內），牧師提到，那天下午，他和那個平信徒領袖會將聖餐帶到教會最年長的會友家裏，他也詢問有沒有會友需要他帶聖餐給他們。然後所有會眾站立，唱《三一頌》（*The Doxology*），領受牧師的祝福。

我們離開禮堂時，一位年長的女士對我説：「這間教會以前是這樣守聖餐的。我們總有快樂、溫暖的聚會，有很多感受。自從祖來到後，再次是這樣。我很高興他知道我們的習慣，讓我們做回自己。我們吃飯吧。」

我們走出教堂，走向一片橡樹下，在那裏，回家的聚餐快將開始。

第六章

洗禮：家庭認領它的成員

沒有人可以選擇加入一個家庭，人們需要得到收養（adoption）。接受和揀選的是家庭。在這本書裏，我們將小型教會比作家庭，指出它們與任何家庭都有的張力、限制和機會的相似之處。初來小型教會的人有時感到教會封閉、冷漠、排他和不願意向新成員開放，其中一個原因是小型教會表現得好像家庭那樣。一個人不能藉著決定和簽署會員證「加入」一個家庭，好像加入一個組織那樣；他們必須被收養。嘗試成為小型教會的會友，其中一個危險是，由於教會不願意收養新人進入家庭而成為受害人。成為會友的其中一種喜樂是，可以得到收養，被接納為一個關心人、培育人和充滿愛的家庭的一部分。小型教會「有效」時，收養的可能性是不斷出現的現實。洗禮（baptism）是那收養過程的一部分，透過它，小型教會認領它的成員。

在無人情味、無名、無根的世界，大部分小型教會都十分善長幫助人發現他們屬於哪裏。在小型教會，每個人都有名字——有時甚至有綽號——在教會生活中有一個位置，在星期日早上有自己坐的位置，有自己要做的工作，身分得到表揚、肯定和不斷的再肯定。新牧者會受到忠告：「我們是哪一種人」。破壞那身分，或嘗試改變那身分，都會令人留意，受到譴責；人們會告訴違反規則的人：「我們不是這樣的。」

與小型教會家庭般的關心人的特點相關的是，它對年青人的培育。小型教會沒有很多兒童和青少年時，它更關心僅有的兒童和青少年。在少年人尖叫著擠進聚會時，崇拜伴隨著腳步聲和說話的喧鬧聲，人們會在長椅上將吵鬧的嬰孩傳來傳去，直到有人找到方法使他們分心。總有足夠數目的祖父母，讓每個年青母親都得到幫助，令她們的孩子適度地克制自己。小型教會對崇拜期間提供的託兒服務不感興趣，不單因為兒童太少，不值得花這種努力，也因為他們想人們聚集讚美上帝時，一家老少都可以聚在一起。兒童在小型教會中得到接納、愛、看管、管教、照顧。這些孩子長大後，周圍總有人記得「以前我在教會總要令你保持安靜」，而且這些人會繼續令那成長中的孩子更留意到自己是家庭的一分子。

當在小型教會舉行基督教信仰那確認身分和加入教會的聖禮——洗禮，所有這些特點都是正面的特質。

在洗禮中，上帝透過水行動，擴展祂的家庭，透過成員與那位被釘十字架和復活的主認同而救贖他們。洗禮是我們被上帝和上帝的家收養，我們在國度中獲得一個位置和一項任務，我們屬於上帝，受按成為「被揀選的族類，是有君尊的祭司，是聖潔的國度，是屬神的子民，要叫你們宣揚那召你們出黑暗入奇妙光明者的美德」中的一員（彼前二9）。上帝給祂百姓的命令是「使萬民作我的門徒……施洗……教訓……」（太二十八19、20）。我們的使命是藉著洗禮將人們引入家庭，並藉著繼續教導那些在家庭中的人，「使人作門徒」。

雖然新約幾乎沒有告訴我們，我們要**怎樣**施洗（方法），甚至幾乎沒有告訴我們，我們要**為誰**施洗（受洗者的資格：年齡、信念或地位），但卻說了很多關於洗禮的豐富意義：赦罪、重生、潔淨、死亡、復活、收養、光。簡單來説，洗禮對我們的意義包括水本身的一切意義。洗禮象徵一次徹底、革命性的事件，透過它，復活的基督「叫我們能與眾聖徒在光明中同得基業。他救了我們脱離黑暗的權勢，把我們遷到他愛子的國裏；我們在愛子裏得蒙救贖，罪過得以赦免」（西一 12～14）。洗禮標誌著歸信經驗的開始，那經驗既是死亡又是生命；「所以，我們藉著洗禮歸入死，和他一同埋葬，原是叫我們一舉一動有新生的樣式，像基督藉著父的榮耀從死裏復活一樣」（羅六 4）。

洗禮的要求

在近年對洗禮的研究和普世基督教的討論中，人們就全面、規範的洗禮的一些先決條件，已取得普遍共識。就聖經、歷史和神學層面來説，洗禮的三個要求是（1）水；（2）受洗的人回應；和（3）由相信的羣體施洗。

首先，我們必須有水。經過一連串不幸的境遇，洗禮儀式所使用的水的分量變得愈來愈少。洗禮盆在幾個世紀之間由浴缸那樣大變成好像洗手指的碗那樣小。水的分量減少時，我們洗禮的神學也似乎在式微。初期教會關於洗禮的著作描述洗禮是「死亡」、「子宮的水」和「潔淨的洗浴」，在洗禮的水變成是輕輕的一灑時，已經變得沒有意義。我們因此使自己與一些以前連繫到這儀式的豐富聖經意象隔絕了。如果在洗禮中做的事和說的話，可以以任何其他方式做和說，聖經便不會吩咐我們透過水來做和說。如果水的分量無關重要，為甚麼要用水？

羅馬天主教徒和很多更正教徒新的洗禮儀式都強調大量使用水。這些聚會所關心的問題不是：我們可以怎樣盡量少用水，而仍然維持有效的洗禮？問題是：我們可以怎樣誇示上帝在洗禮中傾倒給我們的豐富恩典？我們的教會很多人不明白洗禮的儀式，其中一個原因是他們從沒有參與全面、有活力、大膽的洗禮聚會。在那些已經有合規格的浸池，又已經使用這些浸池的教會，水和使用水都不成問題。在新建或翻新的教會裏，我們必須確保會興建更大、更引人注目的浸池和洗禮盆，將它們置於教會顯眼的地方。前門玄關是放浸池或洗禮盆的合適地方，因為這提醒我們，洗禮是「進入信仰的大門」——通過這儀式進入基督教家庭。

如果所謂的洗禮盆在你的教會細小而不顯眼，那麼在進行洗禮時作出一些改變，仍然有可能令洗禮更合宜得體。例如：在洗禮時，可以由一個會友拿一大瓶水上前，而這應該在講道後、主餐前的某個時段進行——這強調洗禮是回應道，並將人接納到主餐桌前。牧者應該大膽地將水倒進一個大盤內，確保每個人都看見和聽見流水的聲音，不用害怕在過程中水會濺出來。實際施行洗禮時，受洗的人應該濕身——濕得令人信服和看得見。很明顯，全身浸入水中是顯示水的象徵意義，以及它傳達生命、死亡、出生、復活和潔淨這些含義最好的方式。倒水美麗地象徵洗禮與聖靈恩賜的聯合：「我要將我的靈澆灌凡有血氣的」（徒二 17）。被人廣泛使用的灑水方法，在儀式中使用分量不足的水，模糊了水的聖禮意義。在新的洗禮儀式中，人們重新強調上帝透過聖禮給我們祂的恩典那可見、具體和可觸知的（tangible）方式。大量使用水，給予燃點的蠟燭——「你們是世上的光」（太五 14）；讓受洗的人穿白袍——「這些穿白衣的是誰？」（啟七 13）；在即將受洗的人前額劃十字——「在基督裏⋯⋯你們⋯⋯受了所應許的聖靈為印記」（弗一12～13）；這些都是我們在洗禮中顯示這奧祕的方式。

第二，必須有回應的人。洗禮代表上帝**先**接納我們，它主要是上帝透過基督徒羣體向我們做，並為我們做的事，但基督教的洗禮要求受洗的人回應。《使徒信經》（*Apostles' Creed*）是早期的洗禮信經。洗禮不單象徵我被上帝的家收養、接納和進入其中，也象徵我接受了那收養。恩典是白白的、不配得，也不是賺得的，正因為這個原因，我們必須回應。有些教會只為成年人施洗，相信只有他們能夠給予洗禮要求的那種回應。其他教會為基督徒父母的嬰孩施洗，視洗禮為持續並維持一生之久的進入信仰的過程，要求終生的回應和成長。兩派都實行「信徒洗禮」（believer's baptism），雖然他們對信心怎樣和何時產生，有不同意見。兩派都視洗禮為上帝愛和恩典的記號，雖然他們以稍為不同的方式理解我們人類對那恩典的回應。

不過，我們應該指出，這裏真正的問題可能不單是回應的合適年齡。問題可以更準確地表達為：我們的回應有甚麼內容、目標、意義？認為只有成年人（在很多實行信徒洗禮的教會，「成年人」的定義往往頗為寬鬆）才能夠受洗，便解決了這個問題的教會，以及那些以為只要孩子的父母是會友，便解決了這個問題的教會，同樣是誤解了。對這兩種教會來說，問題都是：哺育基督徒的最好方式是甚麼？我們想有哪一種教會？形成那教會的最好方法是甚麼？「為成人施洗」和「為兒童施洗」的教會都不能擺脱一種掙扎，就是認真考慮教會家庭怎樣培育成員，讓他們一生都持續回應上帝，並向祂負責；這位上帝是在洗禮中為他們命名、認領他們、愛他們的上帝。

近年的研究強調在基督徒的歸信和培育上，教會需要重新承擔責任。即使教會以前真的可以假設，人們只憑活在我們的社會中，便能夠成長為基督徒，現在已不能夠再這樣假設。教會在對待那些我們將之引導進入信仰的人時，無論他們是甚麼年紀，都必須運用一種新的意向性（intensionality）。洗禮是基督徒朝聖旅程的開始——不是終結；它是持續一生的歸信過程的開始——歸信不是一次過的事件。正如據聞路德説過：「我們有罪的老我在洗禮中淹沒，但老亞當是十分好的泳手。」雖然洗禮是只能夠發生一次的儀式，但我們需要用一生來完成我們的歸信。

有關基督徒加入教會的描述，特別是君士坦丁以前的時期，使我們對教會對這任務的認真態度留下了深刻的印象。在與我們的時代和文化十分相似的時期，初期教會明顯感到需要小心地引領那些尋求進入上帝的家的人歸信，教育和訓練他們，並公開以禮儀，透過洗禮戲劇性地表明每一個新基督徒如何過渡。當代教會在實現使人作門徒這任務時實在太隨意。教導和培育人們成為門徒的「要理問答」再次興起，成為教會事工的一個主要部分。有太長時間，小型教會都哀歎不能實現基督教教育某些既定的特質。它們往往不能負擔所屬宗派的出版物，也不能滿足宗派的期望：有細分的班級、教師訓練和設備。太多時候，基督教教育根據世俗教育來設計。這是不幸的，因為和世俗教育的目的不同，所有基督教教育的目的都應該是使人作門徒，而不只是灌輸知識。我們不單想培育人，也想令人歸信。我們尋求回應——而不單是理解事實。

基督教教育（教會用來培育人接受信仰和作門徒的要求，使他們歸信的任何事情）應該被視為洗禮過程的一部分。基督教教育和洗禮都是基督徒加入教會之過程的元素，這需要一生來完成。牧者必須從初期教會取得提示，對洗禮前的指導再次認真起來。為嬰兒施洗時，必須肯定孩子的父母或教會中有其他人負責確保孩子在信仰上會得到培育。如果孩子沒有適當的教父教母，便必定不能施洗，因為沒有人為孩子作出回應，培育孩子自己的回應時，洗禮便全無價值。延遲洗禮，直到父母和/或教父教母更委身，預備真正為孩子作出回應，或直到孩子成熟得可以自己回應，並沒有害處。要進行洗禮要求的回應和培育，小型教會是很好的地方。它認領和引導年青人那種近乎本能的方式，應該得到肯定和豐富，作為任何負責任的教會一個特定的召命。

在年青人或成年人受洗前，由牧者給他們指導(由會眾協助)是同樣重要的。退修、小組研習、在預備受洗的人家裏的晚間討論——這些都是牧者進行洗禮前的指導和輔導的一些方式。甚至對年青人和成年人來説，由教會委派的教父或教母也可以被賦予親自監察這個新基督徒的培育的責任，確保這個新人會成為基督身體一個能夠發揮功用的成員。牧者必須使用所有可用的資源去提醒人們：基督教信仰不單是坐下來聆聽，它也是回應。

正如改教者往往指出，對基督徒來說，在洗禮中作出回應是一個持續的過程。洗禮是基督徒朝聖旅程的開始，不是終結。在大部分宗派，新的洗禮儀式都定期提供機會，讓會友透過不同聚會更新他們的誓言。明智的牧者會經常使用復活節、五旬節、新年和回家主日等崇拜場合，讓人重新委身、更新和回應。堅振禮、壇前的佈道呼召，以及其他這類崇拜活動，都是教會傳統的一部分，最好詮釋為記念和重新肯定我們的洗禮的方法。大部分人會歡迎重新肯定他們信仰的機會。如果可能，這些更新應該在洗禮的處境下進行，好提醒剛受洗的人，他們在信仰中需要持續成長和回應，並提醒以前受了洗的人，他們需要繼續重新按上帝的形象受造。洗禮後的指導和洗禮前的指導同樣重要。

全面的洗禮的第三個要求是**在信仰羣體的處境內**進行。在歷史上，我們肯定了洗禮本質上是上帝透過教會所做的事情。可惜，在我們講求個人主義、自助、伯拉糾式的社會裏，我們強調受洗之人的行動，多於強調施行洗禮的羣體的行動。我們爭論受洗的人的恰當態度、年齡、知識或行為，但我們應該更留意施洗的教會的態度和信仰。洗禮稱為收養，上帝收養我們成為祂的孩子，因此教會收養我們成為它的會友。正如任何收養一樣，大部分的接納、肯定和行動，是進行收養的那一個人做的，而不是得到收養的人。在過去關於洗禮的合適年齡的爭論中，爭論往往模糊了一個事實：我們的焦點應該在教會，以及上帝在洗禮中透過教會工作的方式，而不是在接受者身上。信仰和行動的主要擔子落在施洗的人身上，因為無論洗禮在甚麼年齡發生，負責藉著施洗和教導「使人作門徒」的，都是**教會**。正因為這樣，洗禮總應該作為參與主餐的前奏來舉行。我們必須由洗禮池去到聖餐桌，用可見的行動提醒人們，洗禮是進入家庭的方式，以及來到家庭的餐桌前的通過儀式（rite of passage）。沒有富說服力的神學理由，可以禁止已受洗的嬰孩和兒童領聖餐。事實上，施洗而不讓剛受洗的人來到聖餐桌，會惹來一些關於洗禮的目的和功能的嚴重神學問題。由洗禮池走到聖餐桌這個行動提醒我們：我們現在要永遠倚靠這個家庭，從它得到信仰中的培育和滋養。

正因為這樣，洗禮永遠不能（除了在最極端和不尋常的環境下）是私人的儀式，它必須有信仰羣體在場。新的洗禮禮儀讓會眾更公開地參與洗禮的行動：會眾參與受洗者對信仰的認信、平信徒介紹受洗的人、確認教父和教母。在這裏，我們來到洗禮在當代教會中一個最基本的困難。太多時候，教會處於荒謬的狀況，替人們施洗，令他們加入一個「羣體」，而那羣體只比一羣陌生人聚集好一點，他們對受洗的人不大關心，對自己的信仰也不清楚，對照顧和培育自己以外的任何人都不大負責。今天，洗禮的真正困難，不在於我們為之施洗的人，而在於施行洗禮的羣體。困難在於那羣體的信仰和真誠——不在於受洗的人的態度。正因為這樣，今天在實行嬰兒洗禮的教會和不這樣做的教會裏，人們都對羣體的回應表達了新的關注。我們的困難不是關乎洗禮的正確方法，而是關乎加入教會的正確方式。

在教會的會友組合總是在變動的流動社會裏，上一代與下一代之間很少傳承或接觸，長期的關顧和培育又是困難的，洗禮也是困難的。在一間沒有人情味的大型教會裏，很少人彼此認識或真正彼此關心，洗禮特別不可靠。幸好，在很多小型教會裏，這些問題沒那麼嚴重。小型教會的穩定性、跨代的接觸、家庭般的特質，都令它十分適合作為終身的洗禮經驗的處境。正如我們對主餐的討論，我們感到洗禮的更新，更可能首先在較小型的教會出現。

牧者有責任培育一種支援羣體，令認領、操練、肯定門徒和使人作門徒變得可能。牧者需要不斷思想，人們怎樣可以在信仰中成長、怎樣令處於邊緣的人更感到自己是這家庭的一部分、這家庭可以怎樣吸納新生命進入其中。如果這家庭中有人受傷害或被遺忘、如果有年青人和兒童得不到恰當的培育、如果有些人似乎漸漸與這家庭疏離，牧者都需要留意這些問題，要求這家庭留意他們，並引導這家庭的思想，令它更好地實現它對基督身體這些肢體所肩負的那些洗禮的責任。

無論洗禮在甚麼年齡發生，都總是可見的、可觸知的提醒（路德稱它為「上帝在水中的道」）；它讓我記起，我之所以是今日的我，很大程度上是因為那些愛我，認領我和關心我的人。這是一句聲明，表示我的身分是集體的產物，我永遠不能在孤立或失責中盡忠，我只有在與別人一起的羣體中，並只有藉著回應別人，才找得到自己。洗禮是上帝透過教會尋找我、愛我、認領我、改變我、重塑我、引導我，直到我成為祂的形象，這形象是祂放在我身上的。洗禮是在我們困難的時期安慰我們的聖禮，因為上帝是忌邪的上帝，祂守著祂擁有的，而洗禮宣告上帝擁有**我**。在洗禮中，以及在基督教教育和牧養關顧這些持續的洗禮活動中，小型教會像家庭般運作，它為自己所有的命名、認領自己所有的、照顧自己所有的、辨別自己所有的，直到這家庭所認領的人，作為家庭——上帝的家——的一分子作出回應。

第七章

婚禮和喪禮：家庭中的危機

小型教會裏的生活，好像家庭中的生活一樣，肯定會以它強烈的禮儀感令外面的觀察者留下深刻的印象——有固定模式、可預測、重複的行為。每個重要的場合都有它一套固定的行為，一連串可預測的事件，特定範圍的期望。這些禮儀使小型教會得以肯定本身的身分，將地方和目的（place and purpose）的意義傳給後世。沒有這些在教會內和教會外的禮儀，在星期日早上和星期三的委員會會議，無論是非正式還是正式，都不會有教會家庭。

禮儀是必要的，因為它是我們與過去的連繫，是我們從經歷過這一切的以前世代所得的引導——是我們的傳承。而且，禮儀是必需的，因為它有助創造羣體，形成共識，促進和維持集體的價值觀和規範。任何宗教團體，如果追求的不單是創造一個由孤立、各具個性的宗教孤獨者組成的混合物的話，他們面前的問題不是：我們應否憑禮儀生活？（因為這不是選擇），而是：我們的禮儀能否充分表達和模塑我們的信仰？

禮儀對我們還有另一個功用：它們幫助我們應付壓力和焦慮。這功用在有些人稱為「生命危機」禮儀（life-crisis rituals）中最為明顯。在我們一生中，我們都被迫越過界限，由一個身分或存有狀態，到另一個身分或存有狀態。出生、第一天上學、中學畢業、第一份工作、父母去世、結婚、退休——這些都是我們重要的生命轉折。

幸好，教會總運用一系列複雜的正式和非正式禮儀，引導我們經過最困難的轉折。危機愈具威脅性和潛在破壞力，生命危機禮儀便愈需要詳細和小心地安排。在這一章，我們會集中在兩個重要的危機上——婚姻的危機和死亡的危機——留意小型教會在這些轉折中，怎樣將它的禮儀資源，用在會友的需要上，就好像任何充滿愛的家庭在這些情況下，集合起來支持其成員一樣。

婚禮

婚禮是整個家庭的事情。在宣佈日期、邀請賓客、制訂計劃和留意數以千計大小細節的忙亂中，有時人們要在擔心的母親、緊張的父親、過分殷勤的統籌、探訪的表親、可愛的姑母和姨母，以及在城外的朋友中找尋新娘和新郎。我們可能問：這是誰的婚禮？而這正是第一個應該問的問題！

基督教教會的婚禮是崇拜聚會。正如任何這種聚會一樣，我們不應該將婚禮視為私人事件。雖然聚會是因這對男女的愛和誓言而起，雖然教會的主要關注是幫助他們由單身走向已婚的生活，但新娘和新郎不是我們惟一的關注。婚禮與任何崇拜聚會一樣，是屬於教會的，它完全是公眾、集體的事情——而這是它的長處。換句話說，婚禮是為了整個教會家庭的。婚禮不單容許教會為新郎新娘的需要提供資源（傳統、經驗、價值觀、支持），也為教會家庭提供牧養的機會。新娘和新郎不是惟一面對艱難轉折的人，他們的父母、朋友和親戚也需要適應新的身分和改變了的關係。

現時對婚禮的一些取向，其中一個令人困擾的傾向是，視婚禮為「只是為了新娘和新郎」的安排，迎合他們對音樂的品味，以及他們個人對「婚禮應該是怎樣的」之理解，這從夫婦那裏奪走了教會在這個轉折時期，可以提供的豐富、歷史和跨代的資源。這也否定了父母和朋友在聚會中，扮演有意義的角色，因為新娘和新郎成了婚禮中惟一的設計者和焦點。在最傳統的婚禮中，超過一半的禮儀都是以整體會眾為對象的。這樣做時，教會似乎在向所有其他人——已經結婚、預備將來結婚，以及因為這段婚姻而要改變自己生活的人——說，重要的事情必須透過這聯合的公共禮儀（public ritual of union），公開地說和做；教會對我們所有人都有一些重要的話說。小型教會那家庭般的氣氛、跨代的連結，與過去的聯繫、普遍的高度參與，在應用到婚禮時都是正面的因素。小型教會在生命的危機中好像家庭般行動，小型教會的牧者應該找方法增強這個自然傾向。計劃婚禮應該涉及整個教會，他們應該視這禮儀事件為**教會的**婚禮，需要每個人的資源、天賦和支持。在我們探訪的一間小型教會，會眾習慣將婚宴作為給新娘和新郎的結婚禮物。教會的人佈置交誼的禮堂，提供小食和音樂。他們告訴我們，教會發現有些家庭不能負擔一個完整的宴會，於是決定提供婚宴，作為他們對每個婚禮的貢獻，因而出現這個傳統。在另一間教會，平信徒領袖或某些會友會在每次婚禮給予祝福，作為會眾的出席和支持的記號。

我們將婚禮界定為崇拜聚會的另一個重要含義是，我們應該以判斷任何崇拜聚會的同一標準來判斷婚禮。如果教會感到基督教崇拜應該是集體的或供人參與的，或以聖經為基礎的，或以神學為焦點的，或福音性，或宣教性，或者提供任何其他這類必需的事情，對婚禮，我們也應該要求相同的標準。太多時候，計劃和舉行婚禮的方式都傳達一種感覺：在教堂舉行的婚禮儀式（service of Holy Matrimony），**決不是**崇拜。

如果婚禮屬於教會，牧者便應該花時間與教會一些代表團體一起，就教會對婚禮的期望確立指引和聲明。牧者為婚禮內容隨意制訂自己的標準是不公平的，但牧者有責任執行教會確立了的意願。婚禮前一天，並不適合與新娘就音樂展開爭論。經過好些關於音樂、鮮花和其他細節的不幸爭論後，我們探訪的一間教會決定進行研究，寫下目的宣言以及一套指引，指導會眾籌備婚禮。經過幾星期的考慮和與牧者討論後，他們決定將研究擴展到那間小型教會內的所有崇拜聚會。結果是出版了一本名為《紅山教會的崇拜》（*Worship at Red Hill Church*）的小冊子，這本小冊子討論教會所有崇拜活動，教會在這些聚會嘗試做和說甚麼，以及教會對每一個聚會的標準。這些小冊子現在派給所有加入該教會的人。會眾重新感到自己擁有教會的崇拜生活，也重新明白並欣賞崇拜生活的意義。

對正在評估自身的婚禮儀式的教會，一些可供考慮的問題是：（1）我們教會裏的婚禮是完整的崇拜聚會嗎？（也就是說，它們是否包括足夠的讀經、會眾參與、簡短的講道、信經、聖詩等等？）（2）誰是我們婚禮的「主持」？（3）在崇拜聚會中，鮮花之類的特別佈置的角色和限制是甚麼？（4）攝影又怎樣？（5）在基督教婚禮中，主要的象徵是甚麼？焦點應該集中在甚麼象徵行動上？我們可以怎樣令這些象徵不致模糊？（6）聖禮可以扮演甚麼角色？（7）我們認為準新郎新娘應該與我們的牧者一起做多少婚前預備？（8）我們可以怎樣更充分地預備教會的青年人迎接將來的婚姻？我們可以怎樣更充分地支持這教會家庭中已經有的婚姻？(9)關於來自其他教會的神職人員，有甚麼政策？(10)我們可以怎樣體貼新娘和新郎的個人需要和意願，同時又忠於教會在婚姻中的歷史見證？

喪禮

對小型教會中的婚禮所提出的一些角度和指引，也適用於喪禮。正如婚禮是教會對婚姻結合這個危機的禮儀回應，喪禮也是對死亡危機的禮儀回應。生命中很少場合要求教會的回應，是比死亡所要求的更刻意、小心、具神學知識的。很少人類的聚集能夠比小型教會更好地回應這種危機。

死亡來到時，那些接近死者的人的生活產生了重大的改變：關係終止；他們的一部分死去了；他們的生命陷於混亂。哀傷是對死亡這危機的自然回應，喪禮可以是寶貴的方法，助人度過哀傷。在伴隨著哀傷的迷惘、孤立和痛苦中，羣體的禮儀——包括正式的喪禮禮儀和喪禮前後的非正式禮儀——是重要的方式，幫助哀傷的人從這情況中找出意義，在死去的人不在時，全新地理解自己。

在小型教會中思想喪禮時，第一個需要是列出那教會在回應教會家庭成員的死亡時，運用的所有禮儀——有固定形式、可預測的行為。這對新牧者是特別重要的，因為所有教會都有本身一連串正式和非正式禮儀，是牧者必須學習的，如果他們要有效領導這些禮儀的話。有時，在教會建築物以外發生的非正式禮儀，可能好像正式禮儀一樣重要，因為非正式禮儀有助人們接受喪禮本身。

當有人死去時，幾乎自動會發生甚麼事情？人們會聯絡牧者和喪禮主持。朋友和親戚到那個家庭，安慰喪親的人，整理地方，預備迎接訪客。人們預備食物、聯絡外地的親戚、挑選棺木、安排喪禮。這一連串活動和可以預測的事件，是哀傷過程中十分重要的部分。這些活動，無論顯得多麼例行和平凡，都幫助我們去應對一個我們大部分人都不願意接近的奧祕——死亡。它給每個人一些事情做、一個保持忙碌的方法、一種應對危機的方法。預備食物，將食物送給喪親的家庭的婦女，不單是幫助那家庭，她們也是把自己回應朋友的危機這個需要付諸實行。事實上，如果教會沒有充分施展在喪禮前後實行的那些喪禮以外的禮儀，喪禮的果效會減低。我們的印象是，在所有人都彼此認識、人們掛念失去的成員、年長和年青的人經常彼此接觸、人們感到家庭般的責任的小型教會，在建立和運用這些喪禮前後的禮儀上，比大型教會做得更好。

如果牧者從哀傷過程一開始便與有關家庭一起（這在小型教會中也是比較容易做到的）；如果牧者有時間與到訪的親友見面，與有關家庭一起計劃喪禮，並關心更大的羣體（因為他們也可能在經歷面對這死亡的哀傷），牧者便更能夠在喪禮中給予堅定、肯定和可靠的禮儀領導。他們可以讓喪禮的禮儀成為**牧養**關顧，而不單是「行禮如儀」。

牧者有責任成為「喪禮主持」，所發揮的功能就好像在任何崇拜聚會一樣。這從一開始便必須十分清晰。之前就婚禮所說的話也適用於喪禮。這些是集體崇拜、基督教的崇拜聚會。牧者帶領喪禮的任務不單是「做家人希望做的事情」，而是帶領基督徒羣體崇拜：宣講道，或許施行聖禮，根據教會的歷史、神學和聖經對死亡的回應引導聚會。在這樣做時，牧者會發現，教會家庭會得到照顧和服事，那方式比不負責任、錯誤地嘗試只回應死者親人的意願更切合基督教牧養關顧。

正如婚禮一樣，喪禮是為了整個教會家庭舉行的。雖然我們首先關注的，是會眾中正經歷這哀傷的重大危機的人，但整個上帝的家在喪禮中都需要教會的見證。喪禮不單服事那個哀傷的家庭，也服事那些正在處理由過去的死亡所帶來的、仍未完結的哀傷的人，以及必須替將來喪親的人作準備。現在有一個趨勢，就是在墳墓旁舉行小型的私人聚會，只限少數親密的朋友和親戚參加，進行簡短的崇拜。這個趨勢是令人困擾的。小型的私人聚會不單表示隱晦地嘗試迴避死亡的現實，也可能是不讓整個基督徒羣體在死亡的時刻作見證和參與。任何喪禮都是為了整個教會家庭舉行的。

徹底地研究喪禮，是任何教會都值得進行的任務。改進喪禮、教導人們關於喪禮的事情、制定教會的標準，都不是在喪禮那天進行。一些教會設立一個喪禮檔案，所有成年會友都要在諮詢牧者後填寫一份表格，在其中說出他們對自己喪禮的意願。這些表格在死亡來到時，可以大大幫助親屬。在教會舉行喪禮，有完整的崇拜聚會，鼓勵整個教會參與，全面運用教會的音樂、聖經、禱告、信經和聖禮，這樣有助將最好的禮儀資源帶到死亡和喪親的危機中。

在間或無人情味、疏離、無根的世界，人們往往視彼此為「物體」，可以隨便利用，不加思索地濫用，而不是視之為上帝所愛的孩子，總應該得到尊重和珍惜；人們要不是迴避死亡、否認它，就是以非人的機械化方式處理它，把上帝賜予的尊嚴從生命和死亡奪去。而上帝的家，特別是在小型教會聚集時，有可以宣講的道。小心、博識地看待小型教會的婚禮和喪禮，可以幫助它以世界十分需要的清晰、溫暖和關懷的方式，去宣講那道。

第八章

小型教會的講道：服事道

雖然講道在黑人教會的生活中一直都是中心，羅馬天主教會也重新發現它，但在大部分主流白人更正教教會中，它都處於艱難時期。好些批評者質疑講道的果效、它的權威形象，或者它是否適合現代以電視為導向的一代。仍然花大部分時間預備講章的牧者屬於稀有品種。今天，佔用牧者時間的是牧養輔導、例行的探訪、教會行政或社區活動。正如凱克（Leander Keck）說：「各式各樣的事情（Sundry matters）取代了星期日的事情（Sunday matters）。」如果星期日有很多講員講道，會眾毋須有人告訴他們也知道，他們的牧者只花了很少時間在閱讀、思想、禱告和好好預備講章所需的其他事情上。牧者自己對講道職事的不重視，也會在他們的講章中明顯流露。

在下一章，我們會檢視一些不太令人驚訝的資料，證實會眾——至少是我們研究的小型教會的會眾——繼續將講道放在牧者各種責任中的第一位。那麼，為甚麼現在牧者忽略這個他們的會友那麼重視的責任？原因有很多，而且很複雜。一些現代批判理論傾向分割和扭曲聖經作為講道的可靠來源的特點。很多講員在神學院學到的解經方法，揭示某段經文**不能**說的所有事情，而不是那些**可以**合法傳講的事情。一些傳播理論家對講道這種本質上是單向的溝通技巧的果效提出質疑。很多現代的種族神學、解放神學、專門的神學（*ad hoc* theology）、非系統的神學、先鋒神學還未好好形成，以致不能滿足一般會眾每星期對講道的需要。現代對教會的本質和目的的觀點，視教會為輔導、管理一個組織的地方或社會運動的基地，而不是「正當地執行道和聖禮」的地方。在很多較大的更正教宗派中，神職人員的晉升更多是基於對總會等上層組織的忠心服事、與其他神職人員的關係，或者在宗派計劃和教區建設計劃中的表現，而不是基於在本地的會眾中講道的表現。

這些所有因素結合起來，令牧者不投資大部分時間在講道上。而且，讓我們坦誠吧——講道是困難的：好的講道要求很多解經、神學、心理學和演講技巧。很多牧者都沒有這些技巧，也不傾向培養這些技巧。對他們來說，避免講道職事比勇敢地正視它更好。

講道的權柄

如果有些人認為當代的講道有不足之處，他們對恰當的講道應該怎樣一定有一些想法。甚麼是「好的」基督教講道？雖然討論講道的各方面不屬於本書的範圍，但我們確信，小型教會的每一位牧者都必須更充分地理解好的講道——它在小型教會中的目的、權威和功能。我們主張，小型教會的會友必須以講道的職事為牧者的主要責任，也必須以小型教會為實行真正偉大的講道的恰當環境。

甚麼是**偉大的**講道？誰是**偉大的**講員？伯格蘭問了好些小型教會，以下是他得到的回應的一個總結。

1. 偉大的講員吸引一大羣人。我們想起羅伯斯（Oral Roberts）、葛培理（Billy Graham）、皮爾

（Norman Vincent Peale）、希恩（Sheen）和福爾韋爾（Falwell）等人。電視傳道人已成了成功講道的典範，他們每星期向數以百萬計的人講道。偉大的講道吸引一大羣人；那是票房的成功。

2. 偉大的講員對人們做偉大的事情。偉大的講道令羣眾產生獨特的情緒。講員可以好像棟篤笑演員那樣機智和吸引人，也可以好像百老匯演員那樣戲劇化和感情豐富。偉大的講道影響人們；那是情感的成功。

3. 偉大的講員以創意令我們留下深刻的印象。他們以文采和修辭技巧，結合原創的洞見，幫助我們以新的方式看舊的事物。他們給我們重要、富想像力和有趣的事情去思想；偉大的講道是藝術傑作。

很明顯，根據這些回應，偉大的講員和偉大的講道的主要條件是規模——大量聽眾，在聽眾中引起強烈感受，給聽眾偉大的思想。這種講道的測試是由聽眾去測試。偉大講員是向一大羣人講道，為一大羣人講道的人。

人們使用類似的條件來判斷講道時，我們便很容易明白為甚麼小型教會那些向數十人，而不是向數以千計人講道的講員，在講道還未開始時，已經感到挫敗。我們只需要「數一數聽眾人數」，便可以看到講員和講道的明顯不足。

我們也可以明白，為甚麼傳統的講道標準，例如忠於聖經、忠於教會的傳統、忠於正統神學、忠於先知的社會見證等等，都被很多現代講員拋棄。很明顯，好的講道的惟一證明是人羣——人數的多寡、人們的感受和思想。

我們要問：如果羣眾是講道的主要評判，講員有沒有可能服事道（serve the Word），忠心地傳講福音，向自己的按立負責？

基督教講員的權柄的惟一來源——好的**基督教**講道的惟一權威基礎——是神學。講員蒙召做的事，是服事道而不是服事羣眾的喜好。設想講道為站在羣眾面前，而不是站在道之下，講道的權威便被馴化、中和、驅散。無論講道可能顯得多麼「成功」，如果它提供的不是福音，它就是失敗的。講員永遠不能藉著向羣眾詢問而得知，他們所宣講的是否福音。

當代更正教講道的兩個基本弱點——說教

（moralizing）和心理學化（psychologizing）——都是誤置講道權柄的結果。

講員希望在聖經中找到經文，可以用來作簡單的道德推論，通常是指出聽眾應該做的一些事或成為怎樣的人時，說教便發生。講員呈現福音的方式，是建議人們怎樣可以有更好的生活，有見解正確的原則，或者要履行甚麼責任。在說教中，牧者認真嘗試找一些適切的事情——一些容易、直截了當的行動計劃，促請人們照做，這通常扭曲了福音。說教歪曲了基督教的宣講，因為福音通常與**上帝的**行動和計劃，而不是與我們的行動和計劃有關。

講員將我們二十世紀、以心理學為導向的自我迷戀強加給福音，提出一套原則、計劃或一般的勸告，保證會令聽眾感覺更好時，便出現了講道心理學化。羅伯斯、蕭律柏（Robert Shuller）和皮爾這些受歡迎的講員，完善了這種講道風格。這種講道吸引那些被稱為「我世代」（me generation）和「心理人」（psychological men）的人——那些人生中的主要計劃是發展、探討和照顧內在感受、情緒和自我形象的人。在這種講道中，福音被扭曲成利己的、自我中心的技巧，要帶來自我實現和自我滿足。講員的主要關注是聽眾自己認定的需求。

我們主張，好的講道的至高測試是忠於道。聽眾的多少或特性都不能夠用來衡量基督教的講道。小型教會的講員——如果對傳講福音的使命認真——由於聽眾的人數少，他們就被迫在人數以外尋找講道的權柄。這對他們是有好處的。我們較早時就崇拜和聖餐表達的盼望，我們現在就講道的復興也再重複這盼望。如果有更新的話，它可能首先在小型教會出現，只因這些教會的講員比較不容易偏離基督教講道的真正目的和權柄。

道的服事

用法默（H.H. Farmer）令人難忘的話說，基督教講員是「道的僕人」（Servant of the Word）。傳達信息的人被信息抓住時，便會生氣勃勃地講道。每當講員不被信息抓住時，他便變成保羅所說的叫賣者（peddler；編按：參《現代中文譯本》林後二 17）——宗教商品的小販，盡可能吸引地推銷商品。信息（福音）創造媒介（講員）；否則，媒介便成為信息，阻礙福音，傳講自己而不是基督。佈道者永遠都不如福音那麼重要；只有在講員有不得不說的話要說時，講道才是有力的。講道的問題是神學/聖經問題，而不是溝通問題。講員的需要是神學上的清晰和一致性，並謙卑、熟練地留意聖經的見證。如果講員走上講壇，找尋自我滿足、體制的肯定，重視來自體制的稱讚或責備或者會眾的奉承，道就不大可能得到忠心的服事。

提倡服事道是基督教講道的主要功用，並不是要將神學關注與牧養關注對立起來。我們的觀察是，忠心、誠實、謙卑、勇敢地服事道，好好履行自己任務的講員，發覺在這樣做時，他們和他們的會眾都得到最好的服事。討好羣眾或以「明星」形象工作的講員，如果留在小型教會的講壇，注定會不斷遇到挫折和失敗。繼續根據在電視、大型佈道會或市郊大教堂的耀眼講壇看到的那種表演和鼓動大會式取向，來定義好的講道的小型教會，在評估自身小教區內的講道時，注定會持續感到不足。但對道著迷、對寶貴的聖經傳統和當代問題之間的關係真的感到好奇、在聆聽福音故事時感到喜樂、看到**那**故事也是**我們的**故事的小型教會牧者和會眾，正走在重新發現講道的路上，而這發現是重大的。

當代講道受到虧損，因為它沒有穩定和真誠地運用聖經。講員受到誤導，以為會眾想從他們那裏得到個人的見證，而不是一個見證教會、它的聖經和它的傳統的人。結果，人們在講員自己有限的意念、或為宗派最新的社會運動贏得支持的努力、或對現時潮流意見的重述中掙扎。教會家庭因為健忘而受到虧損，它忘記了它是誰，它屬於誰；它失去了它的身分。牧者失去了權柄的合法來源，焦慮地找一些新鮮和聰明的事情來傳講。福音變成與多種自助技巧、「流行」的心理學和世界在任何時刻推銷的、用以改善社會的計劃難以區分。會眾很少受到指責、糾正或挑戰。講員和會眾都可悲地尋找廉價的自我肯定和表面的相互欣賞，因為他們不再聽到有關上帝恩典那強而有力的道。難怪每次基督教更新，都伴隨著重新發現合乎聖經的講道。

電視上和大城市教會的講員可能很善於修辭；偶爾，他們可能可以很好地闡釋道，但他們永遠都不會成為道的偉大僕人，因為他們缺乏與上帝百姓整個生命每天的牧養相遇，而這是忠於道的先決條件。道不是普遍向人類言說的一套抽象原則。道不是自足、古老的東西，曾經說出，現在受到細意保護，被小心重新說出。道源自教會家庭的書（聖經），在家庭聚會（崇拜）的處境中得到生命和變得具體。在聚集的家庭以外，道沒有甚麼太大的意義。在小型教會，會眾認識講員，他站在他認識的會眾面前，而這明顯是一個家庭，在他們那本書的豐富面前聚集，說出來的道，被理解為當代家庭的道。這樣，偉大的講道便開始了。教會家庭每天的掙扎得到關注，以一種在較大的家庭不可能有的同氣連枝、親密和直接與道並列。這時，講道成了牧養關顧——特定的百姓和他們的上帝之間持續的對話，這位上帝呼召了他們。在病人床邊的講員；知道人們在哪裏工作、在哪裏受到傷害、將金錢花在哪裏、怎樣維生的講員；感到羣體給予他忠心地聆聽眾人和聆聽道這雙重任務的講員——從星期一到星期日都靈巧和刻意地聆聽的講員，在星期日講道時有很多值得說的話可以說。藉著服事道，講員盡責地服事站在此道之下的上帝的家，他們渴望聆聽道，以致可以遵行它。每個星期日，講員走上講壇時，這家庭耐心地等候，懷著期望地問：有從主而來的道嗎？

忠心地領受上帝的道，以及忠心地將那道告訴上帝的家所帶來的喜樂，就是在小型教會講道的喜樂。

第九章

平信徒對講道的回應：領受道

講道涉及兩方的參與：講員和聽眾。雖然忠於道是好的講道的第一個測試，但詢問那道表達得多充分也是合理的。可以假定的是，講員知道自己嘗試傳達甚麼，但聽眾有沒有接收到牧者嘗試傳達的信息，卻可能成疑。每個講員都不時受到一個想法困擾：人們真的在聆聽嗎？

這一章部分是基於杜克神學院的伯格蘭博士就小型教會平信徒對講道的回應進行的研究而寫成。那研究要求平信徒在崇拜結束後填寫一份問卷，提供他們對講道的評估。在一組教會中，問卷要求會眾在一連六個星期日評估講道。研究也邀請了好些平信徒領袖參加幾間小型教會的崇拜，評估講道；也訪問了牧者和平信徒，取得他們對講道的意見。研究包括全國各地的教會，它們與幾個更正教宗派有連繫。雖然這些不是隨機抽樣的小型教會，但也代表了這些教會。我們會提出從會眾對他們聽到的講道的回應得出的一些發現。

有沒有人在聆聽？

資料確定的最重要一點是，人們**的確**在聆聽講員所說的話。不過，很多牧者都不大相信這個事實。在與牧者談及他們的教會，以及他們認為他們的事奉哪些是重要和有效的時，他們很少提到講道。開始新的教會計劃、重建或興建建築物，以及社區服務活動，都似乎比講道更受到重視。

平信徒傾向不讓講員知道自己對講道的感受。牧者在崇拜結束時往往聽到的「牧師，我喜歡你的講道」這句客氣的話，絕對不能證明會友真的聽到牧者所說的話。不過，每個星期日忠心地在教堂聚集的人，真的在聆聽、聽到和連繫講員所講的話。對更正教教會的會眾來說，講道仍然是最重要的事件，無論神職人員相信與否，他們所說的話對聽眾的生命是有影響的。幾乎不可能找到一羣平信徒，在應邀將牧者要履行的任務排優先次序時，不將講道放在頭幾位。

近年對教會的理解傾向貶低講道。強調社區服務和社會行動的基本重要性，可能令一些神職人員感到，幾乎其他一切都比帶領崇拜和講道重要。當牧者不從事研究和預備講章以外的教會活動時，他們往往容易感到內疚。打電話到教會辦公室或牧者住所的會友很少會聽到，牧者不能接電話，是因為他們在預備下星期日的講章。當然，告訴打電話的人牧者在打牧養電話、參與社區活動，或正在參加宗派總部的會議，是完全合理的。事實上，我們一再留意到，一些牧者幾乎容許任何事情干擾他們研究和預備講章。會眾認為，牧者忙於做教會的工作（大概是主的工作）時，是從事機構或社區活動——當然不是花時間禱告、默想、研究或預備下星期日的講章。平信徒那麼認真看待講道，但很多神職人員卻似乎沒把講道放在最優先的位置，這情況實在令人驚訝。

牧者在講道上投資不足，可以有幾個原因。一個原因可能是，宗派期望牧者優先參與教會以外的服務類活動。另一個原因是，定規的組織機制運作要求牧者傾注時間和關注。

講道是困難的，它要求時間和自律。忙於例

行、花時間但要求沒那麼高的行政工作，比較容易。講道要求牧者向會眾揭露自己的信仰和疑惑。牧者不可能每星期向自己認識，同時也認識自己的一小羣會眾講道，而不冒著將自己的個人信仰呈現出來的危險。這或許是講道最困難的方面。

研究小型教會對講道的回應也顯示，平信徒十分不願意批評講道。他們不單不願意批評自己牧者的講道，也不想批評相同甚至不同宗派的其他牧者的講道。圍繞著受按立的牧者，有一種光環效應：他們被認定是蒙上帝呼召的人。雖然人們不認為牧者不會做錯事（人們總是樂於對包括牧者在內的羣體領袖的弱點説長道短），但教會的會友不想牧者知道他們的負面感受。如果某個星期日早上的講道特別模糊，他們可能説自己不明白牧者嘗試提出的一些較精密的神學論點。他們在合理化牧者講道方面的不濟時，可能會説：「他可能不是世上最偉大的講員，但卻是了不起的牧者。」人們似乎感到，批評牧者有點像批評上帝，是不合體統的。

平信徒不願意批評講道的另一個原因是，這樣做會對他們的教會帶來負面影響。會友十分忠於自己的教會，他們想以自己的教會為榮。令人留意教會的缺點或牧者的弱點，是在反映他們自身。他們僱用牧者，支薪金給他們。如果牧者表現不好，改善的主要責任就落在他們身上。不帶批評地接受牧者所說的話，從而避開這些問題，威脅便沒那麼大。

雖然很多平信徒拒絕批評牧者，但有證據顯示，聽眾在評估講道，給予回應。在一個訪問中，平信徒在被追問時，終於承認講道的重點實際上很模糊，而且可能——只是可能——不是因為他們缺乏神學知識，所以不明白。他們也可能對講員似乎花很少時間，沒有好好為講壇上的事奉作預備而感到困惑。

牧者自己要求人們對講道提出批評時，人們最初不願意提出。他們不肯定牧者是否真的想聽他們的回應。因此開始時，言語的回應傾向是正面的。不過，隨著時間過去，人們明白牧者真的想聽批判性的回應時，便會變得較負面。他們會有足夠的勇氣說出自己真正的意思。因此，能夠花一兩個月去說服人們批評講道的牧者，應該預備接受愈來愈真誠，而且可能是負面的回應。

真正想人們批評講道的牧者會得到批評。他

們設計給平信徒的簡短問卷，經過一段時間的使用後，人們會給予誠實的回應。有些牧者與會友有非正式時段討論講道。要人們明白，牧者想得到誠實的批評，需要一些時間。不過，他們一旦確定了牧者真的重視他們的回應，便會順從牧者的要求。

差勁的講道，平信徒一聽便會知道。剛才提到的研究，有一部分要求所有參與指定教會崇拜的人，在六個星期內，在每次崇拜後都填寫一份評估表。人們傾向有很大程度的一致意見。某星期日的講道有不足之處時，大部分人都會有相同的感覺，會給予較低的評分。雖然人們不願意說某次講道很糟，但他們有一個共識：在某些星期日，講道質素下跌了。在這些星期日的評分也會由很好降至好或一般。雖然會友不想顯得太負面，但他們似乎對自己聽到的道有辨別能力。

平信徒的期望

即使地方教會的平信徒傾向不願意公開批評講道，但他們對甚麼構成好的講道似乎有頗為清晰的看法。在研究人們對講道的反應的其中一部分，研究人員給平信徒一張總共有二十二個項目的清單，這些項目是對講道的描述，研究人員要求平信徒選出他們認為最重要的五項。研究人員沒有要求他們排出優先次序，只是要他們選出他們感到最可取的五項。每星期在小型教會聽道的人，對其中三個特點有共識。

大部分人表示，講道的一個重要特點是要「忠於聖經」。幾乎同樣最常由很多會友指出的另外兩個特質是：「帶著權柄講道」和「講員真誠地相信所講的道」。

更正教有一個傳統，而且明顯是持續的期望，就是講道應該以聖經為基礎——應該忠於聖經。這並不表示會友接受聖經的字面意思，作為他們行事的指引。在星期日早上站在講壇上，告訴會眾，由於聖經説某些事情是真實的，所以他們也應該相應地行動的牧者，知道人們不一定相信或聽從這些話。很多牧者都有過這樣的經驗：他們講了十分符合聖經的道，經過嚴謹解經的道，但人們的反應卻顯示，那是他們聽過最沉悶的道。聖經説了很多事情，是當代教會會友認為毫不相干的，只是聖經成書時代的文化產物，在某個時候適用於某人，但卻不再適用於我們。我們只需要考慮聖經反對離婚的命令，便可以找到這個現象的例子。婦女運動（women's movement）將聖經中關於女性在教會的角色的經文重新詮釋。因此，平信徒雖然幾乎一致表示，他們的講員應該「忠於聖經」，但頗為明顯的是，他們不接受聖經是惟一的最終權威。

接著兩個人們最想講道有的特點，解釋了這個明顯的矛盾——既渴望講道忠於聖經，但又忽略某些聖經教導。平信徒想講道「帶著權柄」，也想「講員真誠地相信所講的道」。我們似乎期望聖經闡明的基督教傳統會被牧者的詮釋過濾，而牧者有深刻和真誠的信仰——他或她真的相信自己所說的話。牧者與基本的宗教問題和基本的傳統搏鬥過，對活在當代社會的困難有親身經驗，他們詮釋聖經時，講道便帶有權柄。由於這種經驗，講員能夠表達經文對聽眾日常生活的適切性。人們說他們想講道基於聖經的權威，並由有真誠和深刻信仰的牧者之個人經驗的權威支持。講道的權威是合乎聖經的（biblical），但只是在講道代表牧者在個人、經驗上面對上帝之時。

這不是容易的任務。它將令人畏懼的責任交

給牧者；它也顯示，平信徒實際上對講道是甚麼一回事有一些了解——當有信心的牧者帶著權柄，以適用於生活的方式詮釋道時，他們便看見好的講道。

對全人的回應

不證自明的是，對講道的回應是對牧者全人的回應。如果會友對牧者沒有信心，他們也不大可能對牧者的講道有信心。相反，信任牧者的會眾會跟從牧者的領導，即使會眾不大肯定自己是不是想向那個方向走。

小型教會的講員可以取得和發展這種講道權柄的個人基礎。在小型教會，人們十分認識他們的牧者，這認識往往比在大型教會深入得多。因此，小型教會對講道的回應，很大程度上是對牧者整個人的回應。在大型教會，很多參加星期日早上崇拜的人都可能不十分認識牧者，他們的接觸可能只限於在較大的社羣中存在的那種較表面的關係。這向我們顯示，想以個人權威，以及以自己的整個人格傳達聖經的道的講員，在大型、疏離的教會中處於十分不利的位置。

在大型教會較容易忽略先知的講道。小型教會的牧者，就具爭議性或先知性的主題表明立場或講道時，聽眾必須回應一個他們十分熟悉的人。更可能的情況是，他們知道這樣宣講的人，是和他們有著相同優點和弱點的人。拒絕親密的朋友，甚至家人的觀點，比拒絕外人的觀點難得多。小型教會只有很少地方讓人躲藏。道，直接、親密、親自來到，令人們難以躲藏。

這個任務給小型教會的講員很大責任。他們不單有責任去宣講道，也要在好像家庭那樣親密的羣體中，向認識他們而他們也十分認識的人這樣做。沒有其他環境，比小型教會的講道更有潛力對聽眾的生命產生更大的影響。

第十章

道的僕人

成為基督徒並不容易。那些選擇跟隨基督的人，需要獻身、操練和犧牲。那些在教會接受職位的人，對教會事奉的責任比普通會友更大。那些受按立為牧者的人，是進入了一個要求十分高的行業；宣講上帝的道是十分令人畏懼的任務。

教會的事奉是平信徒和神職人員的責任。這在小型教會最為明顯，在那裏，很大比例的人參與教會的管理和事奉。在最後這一章，我們會集中討論小型教會中領導講道和崇拜之人的角色，包括平信徒和神職人員。

活出真正的你

在這本書中，我們由始至終主張，小型教會可以是有效的事奉工具，特別是在講道和崇拜方面。

無論教會做不做任何其他事情，講道和參與崇拜都是不可或缺的，如果那個羣體要成為基督教會的話。太多時候，在強調小型教會不能做甚麼時，人們往往忽略了這些教會**能夠**做得好的事情（也就是講道和崇拜）。

當然，教會細小並不保證它可以有效地講道和崇拜，也不保證它是通情達理和開放的。這些特點是會友的個人價值觀，以及他們對自己作為基督教會眾的理解所產生的結果。會友較少，只是為進行教會事工帶來某些機會和限制；這些機會和限制是與大型教會不同的。

小型教會的機會，並不令它們免除某些由於其規模而有的體制上的限制。正是在這點上，牧者可能經歷最大的挫敗。神職人員對地方教會的有效運作負有主要的責任，包括確保有足夠的資金支付必要的開支，以及分擔教會對宗派的經費和慈惠活動的開支。由於奉獻的人數有限，缺乏資金是長期的問題。

由於小型教會只能夠負擔微薄的薪金，以及在這些教會服事得到的聲望較低，很多小型教會都「無幸」得到最有經驗或最好的牧者和崇拜領袖。

很多小型教會的牧者都頗為年青或頗為年長，那必然帶來若干優點和弱點。而且，小型教會通常要與一間或以上其他教會共用牧者，因此不得不勉強聘用部分時間牧者。

這些和其他因為教會細小而產生的、令人困惑的問題還會持續下去。小型教會永遠都不能實行宗派官僚設計的全面計劃。但教會的主要任務不是配合預設的體制模式，甚至不是供應神職人員所需，而是崇拜和聽道。這是小型教會能夠做的事情，而且做得很好，只要它願意成其所是，不將精力浪費在嘗試成為它不能夠成為的。

有人肯定會說：「但我們不能有教會，除非我們有足夠的人數，可以聘請牧者、籌募經費、維持建築物、有整全的教會計劃。」對於這個見解的回答是，教會的功能是宣講道、施行聖禮和崇拜。其他一切，無論多麼有用和可取，都只是次要的。

期望，便會得到

講道和崇拜通常是留給神職人員的責任。人們假設，牧者在神學院時受過這些方面的訓練，在這兩方面都能勝任。正如我們已經指出，平信徒不願意批評講道，他們不讓牧者知道他們對聽到的道以及每星期經驗到的崇拜，實際上有甚麼想法。

當平信徒清楚表明，他們期望牧者認真看待講道和崇拜時，神職人員便會更認真對待這兩件事情。在這裏，小型教會同樣有很好的環境促成這事情發生。小型教會那種不拘形式的環境，提供機會給很多會友與牧者討論崇拜聚會和講道，這是在大型教會不可能有的時間，也是大型教會不可能有的方式。

重要的因素是，人們願意讓牧者知道，他們對在星期日早上發生的事情，實際上有甚麼想法，甚至甘願冒著傷害牧者的危險。會友，特別是領袖認為，自己和牧者都有責任要讓牧者知道他們的真正意見。

讓平信徒分享他們對講道和崇拜的感受，是他們朝向為教會事奉的這些方面培養責任感走出的第一步。這可以令他們更了解這些功能，也可以提高會眾的期望，令很多牧者給講道和崇拜應有的優先地位。這也可以令平信徒在計劃和帶領崇拜時扮演更重要的角色。

平信徒和神職人員之間更好的溝通，可以幫助會友更容易明白教會事奉的困難、事奉時面對的十分真實的挫敗，以及牧者工作時所承受的外在壓力。如果平信徒分享自己的感受，牧者很可能也會分享自己的感受。這樣，平信徒便更能夠明白和支持牧者和牧者的家庭。他們就會肯定小型教會**能**做到的事情，而不是為它不能做到的事情而哀歎。

成功的準則

講道和崇拜一直都是，而且將繼續是牧者的專職。雖然在計劃和帶領崇拜時，平信徒的參與是可取的，但牧者必須繼續負起在星期日早上發生的事情的主要責任。

牧者的主要任務是宣講道和帶領崇拜。因此講員身為道的僕人，扮演著一個獨特的角色——每星期站在會眾面前，宣講來自主的信息。講道的喜樂來自講員明白到，他們實際上是道的僕人。知道道得到忠心的宣講，會眾敬拜上帝，已經足以支持牧者努力下去。

接受主流文化的標準，以教會的大小和增長

作為衡量成功的準則的牧者，在小型教會會遇到困難。不會有一大羣人參與崇拜和聽道；不會有全面的教會計劃；不會有宗派管理層認為教會必須有的組織；不會有資金奉獻給宗派的慈惠計劃。如果這些是量度成就的標準，我們可以預期牧者會持續感到挫敗和不足。

對正在小型教會服事，或者可能會在這些教會服事的牧者，我們有最後的話要說。如果你以人數多少、教會的聲望，或者宗派管理層的讚賞來衡量你的事奉成功與否，你在小型教會便會遇到很大的麻煩。

但如果你感到上帝呼召你——如果你知道，你最終的權柄，對你事奉的最後確認是來自忠心地服事道、高舉道、讓上帝的百姓面對上帝的道，那麼你的僕人身分便會繼續得到祝福。你會知道你是在忠心宣講道，你在小型教會中是上帝施恩給前來崇拜的人的工具，從而感到喜樂。

全能的上帝：

祢對我們的要求是不住地讚美和享受祢在我們世界的同在，不多也不少

祢使我們心裏萌生對祢國度的愛，以及對這國度

得著實現的盼望

祢給我們基督；祂成為人的樣式，來到我們中間，為我們顯明祢的愛和祢的道路——

基督，

祂應許我們，凡有兩三個人奉祂的名聚集，祂便在那裏

祂以水和聖靈將我們帶進祢的家

祂在擘餅中讓我們認識祂

祂向我們顯示一位上帝，祂十分關心失喪的羊、失錢的人、迷失的浪子、野地的百合花、世界認為微小和不重要的東西

祂按名字呼召我們每一個，給我們祢的家，讓我們屬於那個家；給我們任務，在祢的國度中實行——

我們祈求祢賜福所有為福音勞苦的人，所有以生命和行為忠心地在我們中間見證祢的愛的人，願他們在事奉祢和祢的道時不至疲倦；好叫因他們

的事奉和使命，祢的家可以完全，祢的國度可以推進。

奉我們的主耶穌基督的名，

阿們

進深閱讀建議

Bailey, Wilfred M. *Awakened Worship*. Nashville: Abingdon, 1972.

Carroll, Jackson W., ed. *Small Churches Are Beautiful*. New York: Harper & Row, 1977.

Dudley, Carl S. *Making the Small Church Effective*. Nashville: Abingdon, 1978.

Hovda, Robert W. *Strong, Loving, and Wise; Presiding in Liturgy*. The Liturgical Conference, 1976.

Johnson, Merle A. *How to Be Happy in the Non-Electric Church*: Nashville: Abingdon, 1979.

Kay, Melissa, ed. *It is Your Own Mystery: A Guide to the Communion Rite*. The Liturgical Conference, 1977.

Keck, Leander E. *The Bible in the Pulpit*. Nashville: Abingdon, 1978.

Madsen, Paul O. *The Small Church; Valid, Vital, Victorious*. Valley Forge, Pa.: Judson Press, 1975.

Mitchell, Leonel L. *The Meaning of Ritual*, Paramus, N.J.: Paulist Press, 1977.

Seasons of the Gospel. Nashville: Abingdon, 1979. Contains Lectionary.

Senn, Frank C. *The Pastor as Worship Leader*. Minneapolis: Augsburg, 1977.

A Service of Christian Marriage. Nashville: Abingdon, 1979.

A Service of Death and Resurrection. Nashville: Abingdon, 1979.

White, James F. *Introduction: to Christian Worship*. Nashville: Abingdon, 1980.

Willimon, William H. *Word, Water, Wine, and Bread*. Valley Forge, Pa.: Judson Press, 1980.

Willimon, William H. *Worship as Pastoral Care*. Nashville: Abingdon, 1979.

Word and Table: A Basic Pattern of Sunday Worship. Nashville: Abingdon, 1976. Contains Lectionary.